I0099722

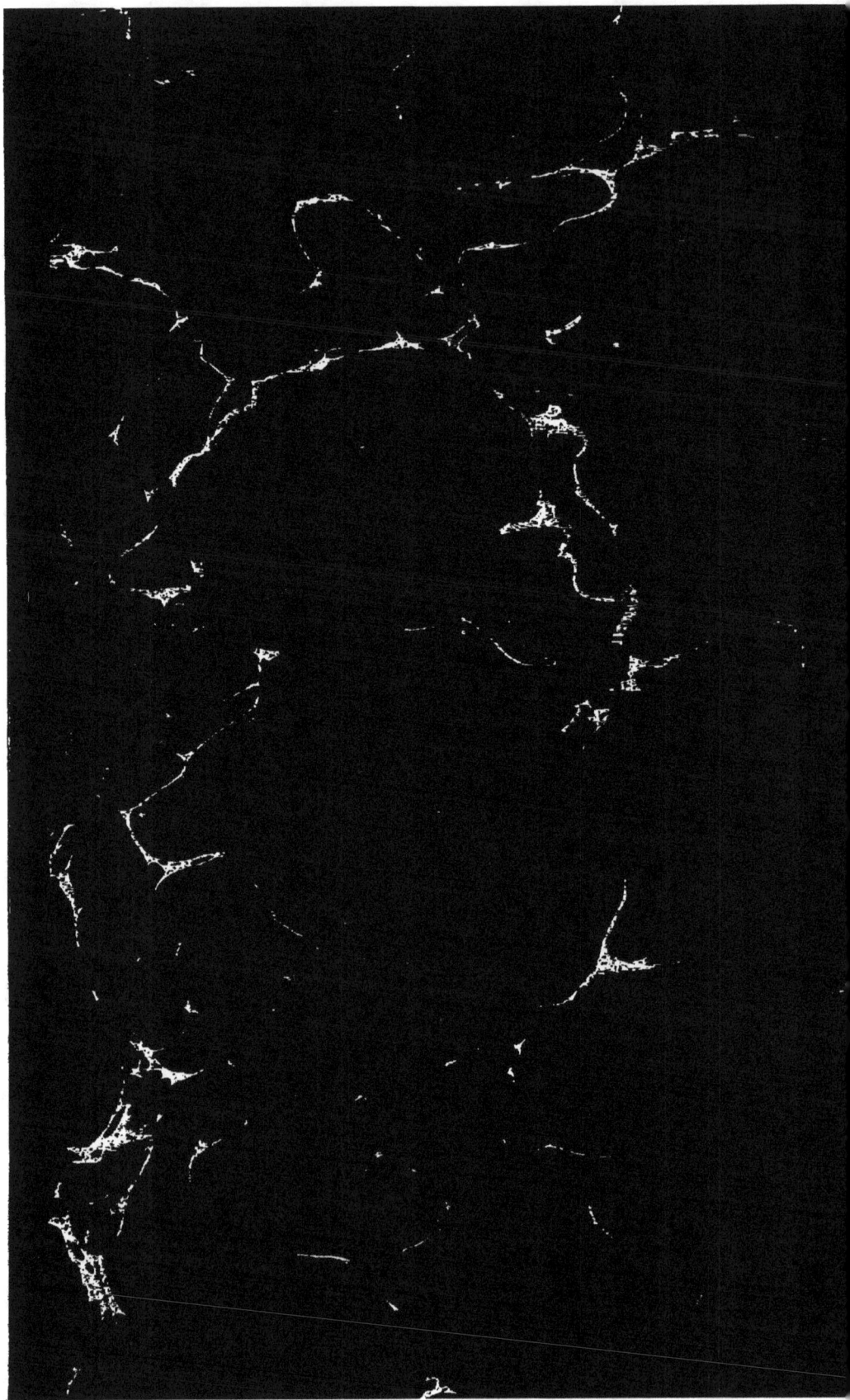

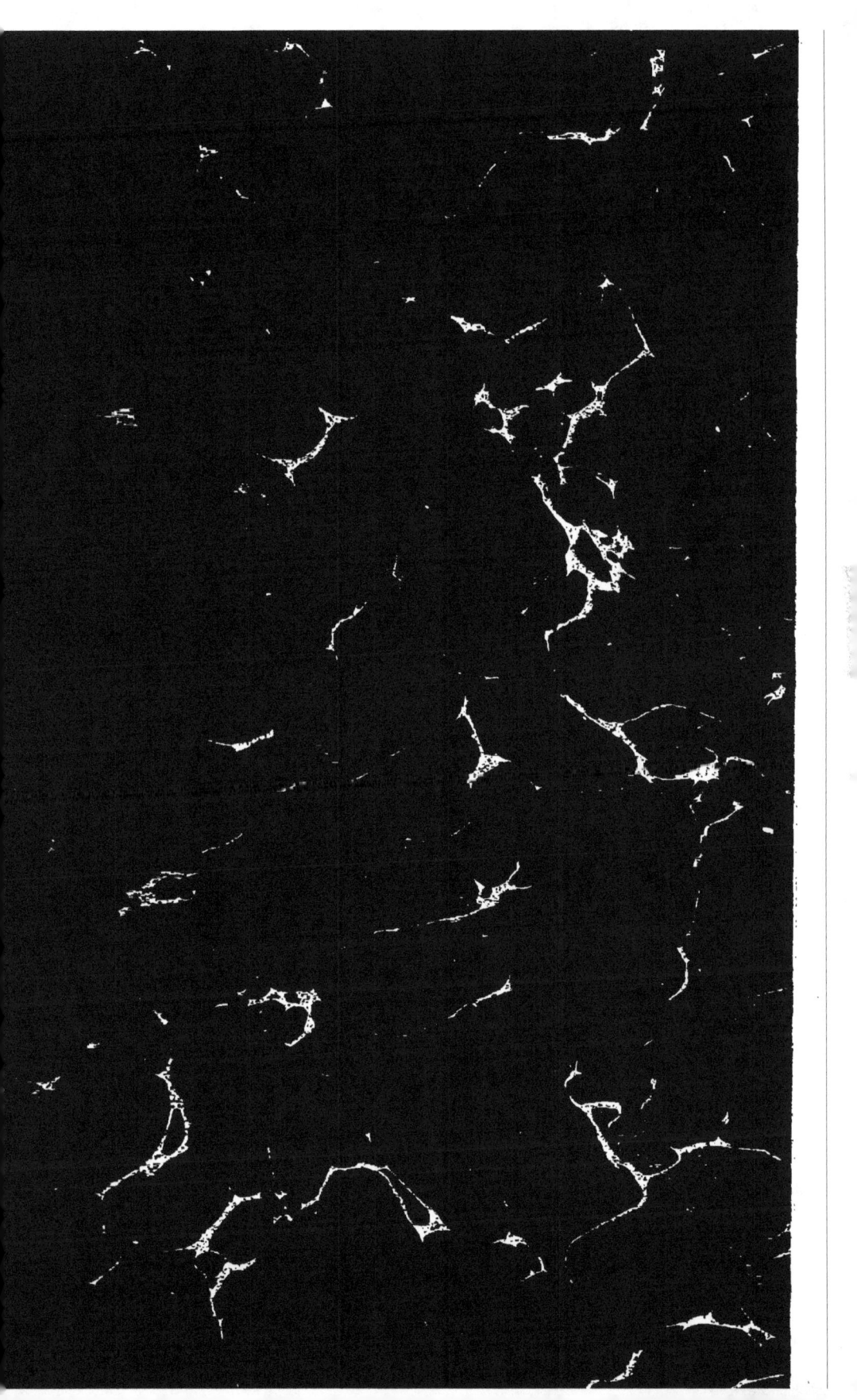

Lb^{L}_{355}
A

CAMPAGNE

D'AFRIQUE

EN 1830.

IMPRIMERIE DE JULES DIDOT L'AINÉ,
rue du Pont-de-Lodi, n° 6.

HUSSEIN PACHA

dernier Dey d'Alger.

Dessiné d'après nature à la Cassauba,
le 9 Juillet 1830.

CAMPAGNE
D'AFRIQUE
EN 1830

AVEC

UN PORTRAIT DU DEY D'ALGER, LE TABLEAU DE L'ORGANISATION
DE L'ARMÉE, ET UN PLAN DES TRAVAUX DE SIÉGE.

PAR M. FERNEL,

CHEVALIER DE SAINT-LOUIS, OFFICIER DE LA LÉGION-D'HONNEUR,
CHEF DE BATAILLON ATTACHÉ A L'ÉTAT-MAJOR-GÉNÉRAL DE L'ARMÉE D'EXPÉDITION.

Seconde Edition,

CORRIGÉE ET AUGMENTÉE.

Le testament de la monarchie
a été une victoire.

PARIS

THÉOPHILE BARROIS PÈRE ET BENJAMIN DUPRAT

RUE HAUTEFEUILLE, N° 28.

1831.

AVERTISSEMENT

DE L'AUTEUR

SUR CETTE SECONDE ÉDITION.

Je ne me croyais pas appelé à l'honneur d'écrire pour le public l'histoire de la campagne d'Afrique. J'avais recueilli quelques notes sur cette expédition dont j'ai fait partie. Rentré dans la vie civile, mon intention était de les conserver comme souvenirs d'une campagne qui a ajouté à la gloire de nos armes, et par laquelle j'ai fini une carrière que j'ai parcourue pendant plus de vingt ans en soldat pénétré de ses devoirs. Mes amis me conseillèrent de publier ces notes, et ils parvinrent à surmonter ma répugnance, en me faisant sentir combien il importait que des événements aussi mal connus parussent sous leur véritable jour. Je me suis donc décidé dans l'intérêt de la vérité à donner ma relation, et si je n'ai pas attaché mon nom à la première édition,

a

c'est que, peu exercé dans l'art d'écrire, je craignais qu'on ne m'imputât quelque prétention au mérite littéraire.

L'accueil favorable qui a été fait à cette première édition, et plus encore les suppositions malveillantes d'un Journal, m'ont engagé à en publier une seconde et à la signer de mon nom ; je l'ai enrichie de quelques notes qui m'ont été communiquées fort obligeamment, et qui ne peuvent manquer d'ajouter à l'intérêt, puisqu'elles font connaître les noms des braves qui se sont distingués. Ces noms consacrés par la reconnaissance nationale, en l'absence de la royauté, devraient être gravés sur des tables d'airain pour passer à la postérité; et c'est ma faible voix qui seule ose les proclamer !... L'armée d'Afrique a eu la douleur d'entendre un ministre dire à la tribune, que l'expédition d'Alger avait été anti-nationale !... Il était probablement en pays étranger, ce ministre, lorsque nos régiments traversaient la France pour aller prendre part à la plus belle mission qui ait jamais été confiée à des soldats, car il aurait vu comme par-tout ils étaient fêtés, et combien leur sort était envié de leurs camarades ! Anti-nationale ! !...

Mais où était-il donc lorsque les acclamations de tout un peuple reconnaissant saluaient la nouvelle de la chute de cette ville orgueilleuse !...

Malgré la révolution de juillet et l'esprit de parti qui s'attache à dénigrer tout ce qui a été fait sous les Bourbons, la campagne d'Afrique restera un des événements les plus marquants de notre siècle, et le soldat qui a pris part à cette grande expédition dira un jour avec orgueil à ses neveux : « Et moi aussi j'étais à Alger ! »

INTRODUCTION.

La mauvaise foi des Gouvernements barbaresques avait de tout temps indisposé contre eux les différents Etats de l'Europe; il n'était pas un de ces derniers qui n'eût de justes griefs contre les pirates dont les audacieuses excursions jetaient l'alarme et l'épouvante jusque dans les mers du Nord. Les Algériens sur-tout s'étaient rendus redoutables par la force et le nombre de leurs bâtiments armés, et le peu de succès des différentes expéditions entreprises successivement contre eux les avait enhardis à un tel point, qu'ils en étaient venus à traiter d'égal à égal avec toutes les puissances, dont ils exigeaient des tributs en argent on en munitions de guerre!... Leur marine s'était relevée plus formidable encore après le châtiment qu'ils avaient

reçu en 1816 de lord Exmouth ; et cet
exploit militaire, si honorable pour l'illustre amiral qui y avait déployé une rare
intrépidité, n'avait été utile en rien à l'humanité, puisque peu de temps après, et
en dépit du traité imposé au Dey sur les
débris encore fumants de sa flotte, les
mêmes déprédations avaient recommen-
cé. N'était-ce pas une chose humiliante
de voir l'Angleterre, la dominatrice de
l'Océan, recourir aux formes solennelles
des traités avec les Régences barbaresques ?
n'était-ce pas leur reconnaître le droit
de faire des esclaves chrétiens ? n'eût-il
pas été plus conforme à la haute réputation, à la dignité de la nation britannique,
de forcer ces forbans à se soumettre à
la loi publique de l'Europe ? L'humanité
demandait qu'un châtiment plus exem-
plaire fût infligé ; mais il était presque
reconnu en principe dans la diplomatie
européenne que, puisqu'on ne pouvait
réduire ces barbares, il fallait bien en pas-

ser par toutes les conditions qu'ils impo-
saient, et qu'on devait s'estimer heureux
d'acheter la paix avec eux à quelque prix
que ce fût.

La réparation demandée par le Roi en
1827, au sujet de l'insulte faite au Consul
de France, ayant été dédaigneusement re-
fusée, tous les ports de la Régence furent
déclarés en état de blocus. Tant que le
Gouvernement de Charles X s'en tint à ce
blocus, les journaux de l'opposition ne
cessèrent de se récrier sur la faiblesse d'un
ministère qui laissait impunie une insulte
qu'ils considéraient comme nationale; et
cependant l'expédition contre Alger ne
fut pas plus tôt décidée, que ces mêmes
organes de l'opinion dite libérale s'éten-
dirent en déclamations contre une guerre
qui, suivant eux, devait ruiner le Trésor
et n'amener aucun résultat avantageux.
On les vit depuis, dans le courant de la
campagne, dénaturer tous les faits, et dé-
verser le blâme et la calomnie sur les opé-

rations qui s'y rattachaient. Ils poussèrent
même l'audace jusqu'à présenter l'armée
d'Afrique comme hostile aux libertés publiques, et comme devant servir d'instru-
ment au renversement de la loi fondamentale de l'Etat. Ah! sans doute, cette
armée était toute royale; les soldats qui
la composaient étaient pénétrés de leurs
devoirs envers le Roi et sa famille, à qui ils
devaient tant; mais j'en appelle à tous, et
même au très detit nombre d'officiers qui
dans son sein ont pu se réjouir de la Révolution de juillet, ont-ils jamais entendu
énoncer de semblables vœux à ceux de
leurs camarades qui étaient le plus connus
pour leur dévouement sans bornes à l'auguste et malheureuse famille de nos Rois?
Non, l'amour que ceux-ci portaient aux
Bourbons se confondait dans leur cœur
avec leur attachement aux institutions
que la France tenait d'*eux seuls*, et à
cette sage liberté qui y était inconnue
avant leur retour.

Après la chute du trône, et dans l'enivrement de leur victoire, il n'est pas de moyens que n'aient employés ces mêmes journaux pour perdre dans l'opinion publique celui qu'ils avaient constamment attaqué avec un acharnement sans exemple, et qui avait répondu à toutes leurs diatribes par une campagne qui illustrera à jamais son nom. Ils s'entendirent tous pour insulter l'armée de terre et son chef, afin de relever à leurs dépens, dans l'opinion publique, et l'armée navale et celui qui la commandait. N'osèrent-ils pas donner à l'Amiral le titre de *Héros d'Alger?*... Ah! s'il existe toujours, comme nous n'en doutons pas, dans le cœur de ce vieux guerrier quelques uns de ces élans généreux qui le firent bondir de joie quand il battit les Anglais, combien n'a-t-il pas dû souffrir de se voir donner un titre qui ne lui appartient pas!... Mais la vérité finit toujours par se faire connaître, et la honte de toutes ces impostures retombera tôt ou tard sur les calomniateurs et sur ceux qui n'ont pas eu le courage de les démentir.

Il est donc du devoir de quiconque a fait partie de cette glorieuse armée de rétablir les faits et de redresser l'opinion publique indignement faussée.

Les évènements se pressent dans notre malheureuse patrie, et bientôt peut-être on aura tout-à-fait oublié que des soldats français, conduits par un chef habile, ont réalisé en vingt jours ce que n'avaient pu faire à aucune époque les forces supérieures des plus puissants souverains de l'Europe. Ces mêmes soldats, mutilés par le fer ennemi ou accablés sous le poids des maladies, ont été délaissés, et au lieu de trouver dans leur patrie protection, récompenses pour leurs services, ils n'ont rencontré que dédains de la part des autorités [1]. Toutes ces considérations me

---

[1] Au mois de septembre 1830, les rues de Marseille étaient couvertes de soldats convalescents expulsés du

décident à prendre la plume; heureux si mes faibles efforts contribuent à graver dans la mémoire de tous les vrais amis de l'honneur national les immenses services de cette armée, et les titres de son chef à la reconnaissance de ses concitoyens!

La postérité redira que c'est à la pensée généreuse d'un Roi aujourd'hui malheureux et exilé que l'Europe doit l'abolition de la piraterie, et que ses divers Etats doivent leur affranchissement des honteuses redevances qu'ils payaient à un chef de forbans; que c'est à la voix de ce

Lazaret; ces malheureux se traînant péniblement à l'aide de bâtons, excitaient la pitié publique, et la plupart auraient succombé faute de soins, si les femmes des marchés n'étaient venues à leur secours en leur faisant distribuer des aliments.

A la même époque, des malades et des blessés, arrivés d'Afrique sur une frégate, et débarqués à la porte du Lazaret, y restèrent sans abri pendant vingt-quatre heures! Et encore quel était le lieu où l'on recevait nos malheureux soldats? Des hangars uniquement destinés à mettre à couvert les cotons du Levant. On les parquait comme des moutons, et là des fiévreux et des dyssentériques étaient exposés à la fraîcheur et à l'humidité du sol.

Roi que trente mille Français franchirent les mers pour la cause de l'humanité, et pour venger l'insulte faite à leur pavillon, à cette noble bannière des lis aujourd'hui proscrite, et naguère si brillante aux champs africains!.......

Je vais donc, autant que ma mémoire me le permettra, dire ce que j'ai vu; une relation pure et simple des événements de cette mémorable campagne est la meilleure réfutation de tout ce qu'on en a écrit dans les feuilles publiques.

TABLE

DES CHAPITRES.

—◦◦◦—

CAMPAGNE D'AFRIQUE

EN 1830.

CHAPITRE I.

Préparatifs de guerre. — Voyage de M. le Dauphin à Toulon. — Départ de l'expédition. — Traversée. — Baie de Palma.

Le blocus d'Alger durait depuis plusieurs années; il n'amenait aucun résultat, et coûtait annuellement au Trésor neuf millions. Le Dey bravait la France, et l'insulte faite au vaisseau parlementaire monté par M. de La Bretonnière nécessitait une vengeance prompte et éclatante. Tous les bons esprits, les hommes jaloux de l'honneur national étaient d'accord à cet égard. Le Midi surtout appelait de tous ses vœux une expédition dont le but était d'affranchir son commerce des plus honteuses avanies, et qui

devait lui rendre son ancienne prospérité
en ouvrant sur la côte d'Afrique de nouveaux débouchés à son industrie. Et d'ailleurs quel cœur véritablement français pouvait ne pas applaudir à un projet qui devait
faire rejaillir tant de gloire sur la France!
Aussi vit-on la jeunesse se précipiter avec
une ardeur sans égale dans les rangs de l'armée destinée à accomplir cette grande mission; tout le monde voulait en faire partie,
et on fut obligé de refuser des officiers qui
demandaient à y servir sans aucun grade,
et des sous-officiers qui voulaient partir
comme simples soldats. Ce zèle rappelait les
plus beaux temps de la monarchie. Il y avait
dans l'attitude, dans la tenue de ces belles
troupes quelque chose de si fier, qu'on ne
pouvait, en les voyant, s'empêcher de partager leur confiance. Tous les cœurs étaient
ouverts à l'espérance, et ceux d'entre nous
qui avaient l'expérience de la guerre ne dou-
taient pas du succès. Par-tout ces troupes
étaient fêtées; et les habitants du Midi mani-
festaient en les voyant cette joie vive et pé-
tulante qui les caractérise. Être de l'armée

d'Alger, était à leurs yeux la plus puissante recommandation.

La marine n'avait pas pour cette expédition un enthousiasme égal à celui de l'armée de terre; les officiers nous avouaient qu'ils étaient chagrins de n'y jouer qu'un rôle secondaire, et la difficulté que le ministère avait éprouvée à trouver un officier-général pour commander les forces navales, donnait la mesure du peu d'empressement de cet illustre corps à prendre part à une campagne dont elle n'augurait pas bien. Les opinions émises à la Chambre des pairs par deux de ses officiers les plus expérimentés, MM. les amiraux Truguet et Werruel, n'avaient pas peu contribué à établir comme une vérité incontestable, que le débarquement d'une armée aussi considérable sur une côte exposée sans cesse aux orages, était une opération maritime de la dernière difficulté, et que le manque total d'eau en rendrait l'occupation impossible. Cependant, une fois l'expédition décidée, tous les officiers de la marine disponibles briguèrent l'honneur de partager avec nous les chances de cette campagne, et dans les grades inférieurs sur-tout nous n'eûmes qu'à nous louer de nos rapports avec eux.

Au commencement d'avril, les travaux d'armement étaient poussés avec une grande activité à Toulon; déja une bonne partie des bâtiments armés dans les ports de l'Océan, avait rallié dans la Méditerranée, et le port de Marseille était encombré des nombreux navires du commerce frétés pour le transport des approvisionnements de toute espèce; leur nombre s'élevait à cinq cents.

L'amiral Duperré, secondé de son major-général M. Mallet, travaillait sans relâche à la composition et à l'organisation de ses équipages; les forces mises à sa disposition montaient à cent bâtiments de guerre, parmi lesquels on comptait onze vaisseaux et vingt frégates; six bâtiments à vapeur devaient assurer les communications de l'armée avec la France[1]. L'amiral avait son pavillon à bord

[1] Ces forces étaient indépendantes de la station d'Alger, composée de quatre frégates et de dix-huit bâtiments légers; savoir:

Les frégates la Bellone, capitaine Gallois; la Circé, cap.

du même vaisseau *la Provence*, insulté par les Algériens. Ces armements étaient formidables; ils rappelaient ceux de l'expédition d'Égypte.

Au 15 avril, la plus grande partie des régiments étaient rendus à leur destination. Le quartier-général de l'armée était à Toulon, ainsi que celui de la première division commandée par le lieutenant-général baron Berthezène; celui de la deuxième division commandée par le lieutenant-général comte Loverdo était à Marseille, et M. le lieutenant-général duc d'Escars, commandant la troisième division, occupait Aix et ses envi-

Rigaudit; *la Duchesse de Berri*, cap. Kerdrain; *la Sirène*, cap. Charmasson.

Deux corvettes, *la Perle*, cap. Villenan; *l'Écho*, cap. Graëb.

Quinze bricks, *l'Actéon*, cap. Hamelin; *l'Adonis*, cap. Huguet; *l'Aventure*, cap. Dassigny; *l'Alsacienne*, cap. Cléry; *la Badine*, cap. Guindet; *la Capricieuse*, cap. Brindejonc; *la Cigogne*, cap. Barbier; *la Comète*, cap. Ricard; *le Cuirassier*, cap. La Rouvraye; *le Cygne*, cap. Longer; *le Faune*, cap. Coutiotte; *le Marsouin*, cap. De Forget; *le Rusé*, cap. Jouglas; *le Silène*, cap. Bruat; *le Zèbre*, cap. Férec;

Et une balancelle, *l'Africaine*, cap. De Vitrolles.

rons. L'artillerie était cantonnée sur la côte entre Marseille et Toulon; les troupes du génie à Arles; la cavalerie à Tarascon, et les chevaux et mulets d'administration à Valence et Avignon.

Les rapports sur l'état sanitaire de ces troupes surpassaient toute attente; malgré la longueur de la route parcourue par plusieurs régiments, ils n'avaient laissé personne en arrière; nulle part les soldats malades ne voulaient entrer aux hôpitaux dans la crainte de manquer le départ. C'est dans cet état si satisfaisant, que M. le Dauphin trouva l'armée lorsqu'il vint la passer en revue dans les premiers jours de mai. Ce prince était rayonnant de joie à la vue d'aussi belles troupes, et il dit à plusieurs reprises au général en chef: « Que vous êtes heureux, mon- « sieur, d'avoir un pareil commandement! » Sa visite dans la rade de Toulon fut une des plus belles choses qu'il soit possible de voir, un des plus beaux spectacles qui puisse jamais être offert. Tous les bâtiments de la flotte étaient pavoisés; les équipages montés sur les vergues et dans les hunes faisaient

retentir les airs des cris de *vive le Roi!* les
batteries des forts et celles des trois bâtiments chefs d'escadre saluaient le fils de
France qui s'avançait lentement dans le canot royal, au milieu de cette armée flottante.
Toute la population était en mer dans des
embarcations, elle était avide de contem-
pler les traits de celui à qui tant d'hommages
étaient rendus. Ah! mon cœur se serre en
pensant qu'une aussi grande joie était voi-
sine pour lui du plus grand de tous les malheurs, et il s'indigne en se rappelant l'attitude de ceux qui l'entouraient alors que
toutes les graces découlaient de lui; je les
vois encore encombrant les salons de la pré-
fecture maritime, se courbant et protestant
de leur dévouement...... Comment ont-ils
tenu leurs serments?... Un ordre du télé-
graphe a suffi pour leur faire abandonner la
cause qu'ils avaient juré de défendre au prix
de leur sang. Ce malheureux prince entouré
d'hommages, de respects, ivre de bonheur
et de l'idée de commander un jour à une nation qui se montrait si grande, si dévouée,
disait au ministre de la marine qui partait

pour Paris : « Vous allez revoir avant moi
« le Roi mon père; dites-lui que j'ai passé ici
« une des plus belles journées de ma vie, et
« que mon seul regret est de ne pouvoir res-
« ter pour commander une aussi belle expé-
« dition. » Aujourd'hui celui qui l'a commandée, et celui qui exprimait des regrets
aussi nobles, sont proscrits; le vainqueur
d'Alger est fugitif; il est obligé d'aller cacher
sa gloire en pays étranger ! !...

Les journaux de l'opposition, craignant
l'effet que produiraient sur l'opinion publique les succès de la campagne, cherchaient à dépopulariser cette expédition et
à la présenter comme folle et extravagante;
ils se récriaient même sur les préparatifs
immenses d'une administration sage et pré-
voyante. Le général en chef était sur-tout le
sujet de leurs attaques continuelles, et ils
avaient recours, contre lui, à tous les moyens
que la calomnie et les sentiments les plus
bas peuvent mettre en usage. En outre ils
affirmaient positivement que rien ne serait
terminé avant la fin de juin; que la marine
malgré son activité ne pouvait être prête

pour l'époque qu'elle avait fixée, et que l'organisation de l'armée mènerait au moins jusqu'à cette époque.

Cependant, au 1er mai, l'armée était dans ses cantonnements, et prête à être embarquée; ses bataillons au grand complet présentaient un effectif imposant; tous les effets de campement étaient distribués; les armes, la chaussure et l'habillement dans le meilleur état. Chaque soldat était muni d'un sac de campement, d'une ceinture de flanelle, d'un bidon en bois pour le vin et d'un autre en fer-blanc pour l'eau, d'une coiffe de shako en toile de coton blanche pour préserver sa tête des effets d'un soleil brûlant; ils avaient en outre une couverture de laine pour trois; enfin rien n'avait été négligé pour assurer la santé du soldat, et la protéger contre les influences pernicieuses d'un climat dévorant. Les bâtiments de transport avaient à bord un approvisionnement de deux mois de vivres et trois mois de fourrages, abstraction faite de la durée de la traversée. Ils contenaient de plus des charpentes de hangars destinés à recevoir quinze cents malades; trois mille lits en fer avec leur garniture; deux cent cinquante-six voitures d'administration, dont moitié à deux roues, à timon et à pompe, de nouvelle invention, et destinées à rendre de grands services par leur forme et leur légèreté; vingt et un fours en fer battu qui devaient servir aux premiers besoins, et quatre mille cinq cents caléfacteurs établis de manière à recevoir chacun la marmite de huit hommes.

L'embarquement aurait dû commencer le 6, immédiatement après le départ de M. le Dauphin, mais ce ne fut que le 11 que les premières troupes passèrent à bord; l'ordre du jour suivant parut dans la matinée:

Toulon, 11 mai 1830.

« SOLDATS !

« L'insulte faite au pavillon français vous « appelle au-delà des mers; c'est pour le ven- « ger, qu'au signal donné du haut du trône, « vous avez tous brûlé de courir aux armes, « et que beaucoup d'entre vous ont quitté « avec ardeur le foyer paternel.

« A plusieurs époques, les étendards fran-
« çais ont flotté sur la plage africaine. La
« chaleur du climat, la fatigue des marches,
« les privations du désert, rien n'a pu ébran-
« ler ceux qui vous ont devancés. Leur cou-
« rage tranquille a suffi pour repousser les
« attaques tumultueuses d'une cavalerie
« brave, mais indisciplinée. Vous suivrez
« leurs glorieux exemples.

« Les nations civilisées des deux mondes
« ont les yeux fixés sur vous. Leurs vœux
« vous accompagnent, la cause de la France
« est celle de l'humanité, montrez-vous di-
« gnes de votre belle mission. Qu'aucun excès
« ne ternisse l'éclat de vos exploits. Terribles
« dans le combat, soyez justes et humains
« après la victoire. Votre intérêt le com-
« mande autant que le devoir.

« Trop long-temps opprimé par une mi-
« lice avide et cruelle, l'Arabe verra en nous
« des libérateurs; il implorera notre alliance.
« Rassuré par votre bonne foi, il apportera
« dans nos camps les produits de son sol.
« C'est ainsi que rendant la guerre moins
« longue et moins sanglante, vous remplirez

« les vœux d'un souverain aussi avare du
« sang de ses sujets, que jaloux de l'honneur
« de la France. Soldats ! un prince auguste
« vient de parcourir vos rangs. Il a voulu se
« convaincre lui-même que rien n'avait été
« négligé pour assurer vos succès et pour-
« voir à vos besoins. Sa constante sollicitude
« vous suivra dans les contrées inhospita-
« lières où vous allez combattre. Vous vous
« en rendrez dignes en observant cette dis-
« cipline sévère qui a valu à l'armée qu'il
« conduisit à la victoire, l'estime de l'Espa-
« gne et celle de l'Europe entière. »

> Le lieutenant-général commandant en chef
> l'armée d'expédition d'Afrique,
>
> C^TE DE BOURMONT.

Le temps était superbe, les régiments arrivaient sur le port en débouchant par plusieurs issues, la joie brillait dans tous les
rangs. Les maisons qui bordent le quai
étaient couvertes de monde jusque sur les
toits ; toute la population de la Provence
semblait s'être donné rendez-vous à Toulon
pour jouir de ce beau spectacle, et les fem-

mes qui recherchent toujours les émotions, se faisaient sur-tout remarquer par l'intérêt qu'elles semblaient prendre à cette grande scène militaire. Plusieurs d'entre elles accompagnaient dans des embarcations ceux qu'elles regrettaient; d'autres plus discrètes se contentaient de faire des vœux pour eux, et suivaient des yeux aussi long - temps qu'elles le pouvaient, la voile qui leur enlevait l'objet aimé; leur attendrissement, la joie bruyante des hommes de l'expédition, les adieux de ceux qui, moins heureux, ne pouvaient en faire partie, les scènes variées des matelots et de leurs familles, tout contribuait à animer ce spectacle et à le rendre digne du grand évènement dont il était le prélude.

Le *mistral*[1] qui avait commencé à souffler dans la matinée devint tellement fort, qu'il rendit l'opération dangereuse, et on la suspendit plusieurs fois dans la journée. Deux brigades seulement de la première division

---

[1] Vent d'ouest ou de nord-ouest, violent et glacial, qui souffle communément au printemps et en automne sur les côtes de Provence et de Languedoc.

furent embarquées; la troisième commandée
par le général Clouet bivouaqua sur les gla-
cis de la place. Le 12, la mer étant encore
très forte, cette troisième brigade seulement
fut embarquée non sans quelques difficultés. Le 13, la pluie commença à tomber; elle
dura trois jours ; nos soldats arrivaient de
leurs cantonnements dans un état pitoya-
ble, leurs vêtements étaient trempés; mais
rien ne pouvait tarir leur gaieté, et les lazzis
sur la vie du bord circulaient dans les rangs.
A leur arrivée sur les bâtiments qui leur
étaient destinés pour faire la traversée, les
matelots s'emparaient de leurs habits pour
les faire sécher, et leur en donnaient des
leurs en échange; la meilleure harmonie régnait entre eux. Si les chefs avaient suivi le
noble exemple qui leur était donné par leurs
subordonnés, le succès de la campagne n'en
eût été que plus prompt et plus décisif, mais
le défaut d'accord et l'amour-propre irrité
seront toujours les deux plus grands ennemis que les armées françaises auront à combattre.

L'embarquement de tout le matériel de

l'administration s'était fait à Marseille, sous
la direction de l'intendant en chef. Il est
impossible d'imaginer plus d'ordre, plus de
précision et plus d'activité que n'en mirent
dans cette opération importante MM. les
sous-intendants chefs des différents services, et MM. Dubreuil et de Saint-Laurent,
lieutenants de vaisseau chargés par l'amiral de surveiller et diriger tous ces travaux.
Au 15 mai tous les bâtiments du convoi, au
nombre de près de cinq cents, étaient ras-
semblés dans la rade de Toulon et dans celle
d'Hières. Les quatre mille chevaux de l'armée devaient être embarqués en peu de
temps, la marine s'étant engagée à fournir
de grands moyens; mais cette opération
traîna en longueur malgré le zèle des officiers qui en étaient chargés, et ce ne fut que
le 17 au soir qu'elle fut entièrement ache-
vée. Les embarcations armées nécessaires
pour remorquer les *chalans*[1] qui condui-
saient les chevaux aux bâtiments-écuries ne
s'obtenaient qu'avec la plus grande difficulté; malgré des messages sans cesse répé-

[1] Bateaux plats de transport.

tés au major-général de l'armée navale, il n'en arrivait jamais qu'un très petit nombre, et il fut bien prouvé à toute l'armée qu'on ne voulait pas être prêt pour le 15.

Enfin le 18 parut un ordre du jour de l'amiral Duperré; il était ainsi conçu:

Vaisseau *la Provence*, 18 mai 1830.

« OFFICIERS, SOUS-OFFICIERS, ET MARINS,

« Appelés avec vos frères d'armes de l'ar-
«mée expéditionnaire à prendre part aux
«chances d'une entreprise que l'honneur et
«l'humanité commandent, vous devez aussi
«en partager la gloire. C'est de nos efforts
«communs et *de notre parfaite union* que le
«ROI et la France attendent la réparation de
« l'insulte faite au pavillon français. Recueil-
«lons les souvenirs qu'en pareille circon-
«stance nos ont légués nos pères; imitons-
«les, et le succès est assuré. Partons.

« Vive le Roi!... »

Le vice-amiral,
DUPERRÉ.

Dans la soirée le général en chef s'embarqua, ainsi que l'état-major-général de l'armée; tout le monde s'attendait à voir l'escadre mettre à la voile le lendemain, le dernier mot de la proclamation semblait l'annoncer; mais nous devions encore rester en rade huit mortels jours; il était impossible de se passer des câbles en fer qui avaient été commandés en Angleterre, et qu'on attendait d'un moment à l'autre. Le convoi aurait pu cependant sortir et aller nous attendre soit à Hières, soit à Palma : c'était l'opinion de tous les marins, qui s'étonnaient de voir que l'amiral gardât dans la rade de Toulon toutes ses forces concentrées et amoncelées, ce qui pouvait en rendre le départ difficile. Les *bateaux-bœufs* [1] seuls prirent les devants, et eurent ordre d'aller attendre la flotte à Palma.

L'impatience de l'armée était extrême; un temps précieux s'écoulait, et c'était autant de perdu pour les chances favorables de la campagne, car on regardait générale-

[1] Bateaux pontés qui font le cabotage dans toute la Méditerranée.

ment la saison comme déja trop avancée; enfin le 24 au soir tout étant prêt, et le vent ayant tourné au nord-ouest, le départ fut annoncé pour le lendemain.

Le 25, à la pointe du jour, tous les yeux étaient tournés vers le vaisseau amiral; des signaux ne tardèrent pas à s'y faire voir, et l'armée navale reçut l'ordre de hisser les embarcations; aussitôt après on vit du mouvement dans la mâture des bâtiments; les gabiers étaient dans les hunes; les voiles se déployaient, et par-tout marins et soldats travaillaient à lever les ancres.

Le bruit de notre départ se répandit promptement dans Toulon, et bientôt toute la population de la ville et les nombreux étrangers qui y étaient accourus, garnirent les hauteurs du fort *Lamalgue* et toutes celles qui dominent la rade. Cette foule, par la variété de ses couleurs et le beau soleil qui l'éclairait, offrait le coup d'œil le plus pittoresque.

A midi, la frégate *l'Herminie* appareilla; elle fut suivie de la première division du convoi, et tous les bâtiments exécutèrent

successivement leur mouvement; au fur et
à mesure qu'ils levaient l'ancre, ils décri-
vaient une courbe, se rapprochaient de la
terre, comme pour lui faire un dernier adieu,
et s'éloignaient pour prendre en pleine mer
leur ordre de bataille. Le silence qui régnait
parmi nous indiquait assez les émotions que
nous éprouvions, et quiconque n'a pas fait
de voyages maritimes ne peut se faire une
idée du sentiment que l'on éprouve, en s'é-
loignant de la terre qui possède tout ce qu'on
a de cher au monde; chacun de nous allait
faire le sacrifice de sa vie pour une cause
sacrée, et nous étions tous heureux de penser que ce sacrifice serait utile à la patrie.
La France était si grande, si puissante dans
ce moment, nous la laissions si heureuse, si
florissante! Ah! que nous étions loin de penser que, deux mois après, le trône à qui elle
devait tant de bienfaits serait renversé, et
que le pavillon dont nous allions venger
l'honneur serait proscrit!...

Le vaisseau amiral nous rallia à la hauteur du cap Scépé; dès-lors chaque bâtiment
dut prendre son ordre de bataille. L'armée

2.

navale marchait sur trois colonnes; la colonne de droite se composait de *l'escadre* dite *de réserve;* elle avait à bord les troupes de la troisième division. Celle du centre, commandée par l'amiral Rosamel montant *le Trident*, se composait de *l'escadre* dite *de débarquement,* ayant à bord les troupes de la première division; l'amiral Duperré marchait en tête de la colonne de gauche formée de *l'escadre de bataille;* elle avait les troupes de la deuxième division. Le capitaine Hugon, commandant le convoi, marchait plus au large, et avait avec lui deux divisions seulement de son convoi, le reste ne devait sortir de Toulon qu'avec de nouveaux ordres. Le vent était bon, et sans la nécessité de conserver dans la marche l'ordre adopté, nous serions arrivés en vue des îles Baléares dès le lendemain soir.

Le 27 une frégate française traversa nos colonnes à toutes voiles, et gagna la tête, pour communiquer avec l'amiral; son salut de vingt et un coups de canon nous annonça qu'elle ne faisait pas partie de l'escadre, et nous apprîmes bientôt après que c'était *la*

Duchesse de Berri escortant une frégate turque qui avait cherché à entrer à Alger, et qui la conduisait à Toulon. L'amiral vira de bord, et alla se mettre en rapport avec Taïr Pacha.

On crut généralement qu'il s'agissait de négociations, et que la Porte offrait sa médiation entre le roi de France et le Dey, mais nous sûmes bientôt que Taïr Pacha avait au contraire ordre du grand-seigneur de pénétrer dans Alger, d'y faire décapiter le Dey, de se saisir du pouvoir, et d'opposer aux Français la plus vigoureuse résistance. Le caractère entreprenant de Taïr Pacha le rendait propre à cette mission, mais la vigilance de la station française ne lui permit pas d'exécuter ses projets.

Le 28 et le 29 nous trouvâmes la mer un peu forte, à la hauteur des îles Baléares. L'ordre avait été envoyé la veille aux bateaux-bœufs de partir de Palma et de se diriger sur la côte d'Afrique, à la hauteur du cap Caxines. Le 30, dans la matinée, la côte d'Afrique fut signalée dans le sud à toute vue. Dans la soirée, la frégate *la Sirène* aux

ordres de M. Massieu de Clerval, capitaine
de vaisseau, commandant la station d'Alger,
rallia la flotte, et à la suite d'une conférence
que cet officier eut avec l'amiral, l'ordre fut
donné à toute l'armée navale de rétrograder
sur Palma. C'est par lui qu'on apprit le naufrage des bricks *le Silène* et *l'Aventure*. Quelques transports marchands ayant été séparés
du convoi, les frégates *la Pallas* et *l'Iphigénie*
eurent pour mission de continuer leur route
et de rallier tous les bâtiments du convoi et
de la flottille qu'elles rencontreraient, en les
dirigeant sur Mayorque. Elles allèrent jusqu'à peu de distance de la côte d'Afrique, et
apprirent par un bâtiment de la station que
les bateaux-bœufs étaient arrivés depuis la
veille, au point qui leur avait été désigné
comme rendez-vous. Ce fait sembla nous
prouver que si, au lieu de tenir compte d'une
mer un peu forte, on avait continué à faire
voile pour Alger, on serait arrivé en vue de
la côte d'Afrique dès le 1er ou le 2 juin, c'est-
à-dire douze jours plus tôt. Notre impatience
nous faisait ainsi accuser de lenteur le chef
de l'escadre; mais sa vieille expérience lui

disait que le moment favorable n'était pas
encore arrivé, et qu'il ne fallait en rien
compromettre le succès du débarquement,
opération importante de la campagne.

L'escadre de réserve mouilla dans la baie
de Palma, ainsi que le convoi et la flottille;
le reste de la flotte croisa à l'entrée de la
baie pendant dix jours. Les troupes embarquées sur l'escadre de réserve obtinrent des
permissions pour aller à terre, et elles furent
accueillies avec les démonstrations de la plus
franche amitié par les autorités espagnoles;
plusieurs fêtes eurent lieu, et les habitants
prouvèrent à l'armée qu'ils attachaient le
plus grand prix au succès de l'expédition. Le
marquis de la Romana, gouverneur de l'île,
ouvrit sa maison à tous les officiers français;
ils y trouvèrent réunie la société la plus dis-
tinguée du pays. On y donna des bals, et nos
heureux camarades recueillirent les félicitations et les vœux des femmes qui, dans ce
pays comme dans le reste de l'Espagne, se
montrent toujours sensibles aux grandes et
généreuses entreprises. Ces fêtes offertes
par la beauté, ces paroles flatteuses, et plus

encore les regards qui les accompagnaient, la grace voluptueuse de ces femmes espagnoles, tout cela était bien propre à enflammer le courage de nos jeunes guerriers, s'ils avaient eu besoin d'un autre aiguillon que le sentiment de leur devoir. Mais le soldat français appelé par son Roi à venger une insulte nationale était impatient de combattre, et le temps consacré au plaisir lui semblait un vol fait à la victoire.

On fut beaucoup plus sévère pour les deux autres divisions; personne ne put descendre à terre, ce qui augmenta le malaise de nos soldats entassés dans les batteries et les entreponts. Il leur était même défendu, sur plusieurs bâtiments, de monter sur les caronades et les bastingages, seuls moyens qu'ils possédassent pour voir cette terre qu'ils appelaient de tous leurs vœux. Nous avons été témoins plusieurs fois de la manière dure avec laquelle ces braves étaient traités par les officiers du bord, et l'injustice qui leur faisait méconnaître une espèce d'hommes si recommandable à tous égards et qu'ils jugent trop légèrement, nous a plus d'une

fois révoltés. Si comme nous ils avaient vu
ces soldats supportant avec gaieté les fatigues de la guerre, les privations du métier,
n'ayant rien à manger après de longues marches, rien pour se mettre à l'abri du mauvais temps, et toujours prêts à battre l'ennemi, ils reconnaîtraient que le service du
matelot, qui a toujours sa nourriture et son
hamac assurés, est loin d'être aussi pénible.
Qu'ils se gardent donc de juger le soldat
quand il est embarqué. Le malaise qu'il
éprouve, l'oisiveté à laquelle il est livré, tout
tend à le démoraliser, et on ne le retrouve
que lorsqu'il a touché la terre.

Pendant ce séjour interminable dans la
baie de Palma, nous faisions toutes sortes de
conjectures, et nous commencions à dés-
espérer de la campagne. La diplomatie,
disions-nous, aura levé les difficultés, l'Angleterre s'en sera mêlée, le Dey consent probablement à toutes les conditions qu'on lui
a imposées, et nous allons recevoir l'ordre
de rentrer à Toulon; nous étions en proie à
ces tristes réflexions, lorsque le 9, dans l'a-
près-midi, l'ordre est donné par l'amiral aux

trois vaisseaux ayant à bord les trois lieute-
nants-généraux commandant les divisions
de l'armée, de rallier *la Provence*. Il était
évident pour tout le monde, qu'il s'agissait
d'un conseil de guerre à la suite duquel nous
allions connaître le sort de l'expédition ; l'in-
quiétude était extrême dans toute l'armée.
Enfin l'ordre du jour suivant parut le 10 au
matin, et vint mettre un terme à toutes les
incertitudes :

A bord de *la Provence*, 8 juin.

« L'armée, que des vents contraires avaient
« éloignée de la côte d'Afrique, va s'en rap-
« procher. Impatiente de combattre, elle ne
« tardera pas à voir ses vœux accomplis. Le
« général en chef vient d'apprendre que des
« hordes nombreuses de cavalerie irrégulière
« nous attendaient sur le rivage et se dispo-
« saient à couvrir leur front par des milliers
« de chameaux. Les soldats français ne se-
« ront pas plus étonnés par l'aspect de ces ani-
« maux, qu'intimidés par le nombre de leurs
« ennemis. Ils auraient regretté que la vic-
« toire leur coutât trop peu d'efforts. Les

«souvenirs d'Héliopolis exciteront parmi
«eux une noble émulation. Ils se rappelle-
«ront que moins de dix mille hommes de
«l'armée d'Égypte triomphèrent de soixante-
«dix mille Turcs plus braves et plus aguerris
«que ces Arabes dont ils sont les oppres-
«seurs. »

L'intendant en chef profita du séjour
dans la baie de Palma pour faire ravitailler
en fourrage les bâtiments-écuries[1], et ce fut
là que les transports chargés de mille bœufs,
partis de Cette, rallièrent la flotte.

[1] Les prévisions de la marine n'avaient évalué le terme
le plus long du trajet qu'à trente jours, et cependant
plusieurs bâtiments-écuries restèrent quarante-six jours
en mer. Le ravitaillement dans la baie de Palma sauva
donc à l'armée une partie de ses chevaux qui eussent
infailliblement péri faute de nourriture. Au reste, il est
à remarquer que sur quatre mille chevaux on n'en perdit
que six ou huit pendant cette longue traversée, et que
sur soixante et quelques mille hommes, il n'y eut jamais
plus de deux cents malades.

CHAPITRE II.

La côte d'Afrique. — Débarquement. — Sidi-Ferruch. —
Coup de vent. — Travaux du génie. — Propositions de
plusieurs chefs Bédouins.

Le 10 juin à onze heures du matin, une partie du convoi était sous voile, faisant route vers le midi, et peu à peu toute l'armée navale suivit la même direction. Indépendamment des trois escadres marchant en bon ordre, il y avait plus de quatre cents bâtiments de transport et la flottille des bateaux-bœufs; l'horizon était couvert de voiles. L'amiral voulant avoir tout son monde sous la main, pour arriver au point de débarquement, ralentit sa marche, et ce ne fut que le 13 au matin qu'on aperçut les murailles blanches d'Alger à travers une brume épaisse, telle qu'il en règne presque toujours sur ces côtes dans les premières heures du jour. Le temps était superbe, la brume ne tarda pas à tomber, et nous pûmes voir à notre aise cette

côte tant desirée. Nos soldats étaient transportés, ils allaient enfin sortir de leurs prisons. Rangés en bon ordre sur le pont, le
sac sur le dos et l'arme au pied, ils étaient
prêts à débarquer. L'ordre du jour de l'amiral fut relu aux équipages, et les cris de *vive
le Roi!* y répondirent. Le commandement de
branle-bas de combat avait été fait dans
toute la flotte. Chacun était à son poste et
attendait le moment d'agir. Il y avait dans
cette belle scène quelque chose de solennel
que donne seule l'approche d'un grand combat. Le vent était nord-est, nous ne pou-
vions être plus favorisés, car ayant le cap
sur la pointe Pescade, à peu de distance de
la côte, les bâtiments faisaient un à droite
pour la longer; et c'est ainsi que toute l'armée navale défila en vue des forts.

Cette terre, qui nous avait été présentée
comme sauvage et inhabitée, nous offrait
au contraire le coup d'œil le plus pittoresque et le plus varié. Elle est couverte de jolies maisons de campagne entourées de jardins; toutes sont bâties sur des hauteurs
dont les mouvements onduleux contrastent

tout-à-fait avec l'aridité et les formes brisées des côtes de Provence. Rien sur ce rivage n'annonçait l'approche d'un danger. Aucuns préparatifs extraordinaires de défense, point de mouvement. Arrivés à hauteur de la presqu'île de Sidi-Ferruch, nous apercevons la petite tour qui la domine, et nous ne doutons pas qu'elle ne nous fasse l'honneur de nous saluer de quelques coups de canon; même silence : enfin le brick marchant en tête de colonne signale une batterie de côte dans la baie, et l'escadre de bataille se dispose à la raser. Le vaisseau *le Breslaw* mouille le premier, tous les bâtiments armés en guerre imitent son exemple, et à notre grand étonnement, cette opération si importante pour le succès de la campagne n'est nullement inquiétée par l'ennemi.

On s'attendait généralement à un commencement de débarquement; mais indépendamment du temps qu'il fallait pour mettre les chalans à la mer, la journée était trop avancée, et il fut différé jusqu'au lendemain à la pointe du jour. Toute notre attention était portée sur ce rivage tant desiré, et on se communiquait avec empressement tout ce qu'on apercevait, tout ce qu'on observait. La batterie signalée était de construction nouvelle, mais elle n'était point armée; sa forme nous donna une très pauvre idée des connaissances militaires des Algériens, et nous regrettâmes presque d'avoir affaire à un ennemi aussi peu avancé dans l'art de la guerre.

Torre-Chica semblait abandonnée; quelques points blancs, répandus dans la plaine, étaient désignés comme des tentes, par ceux d'entre nous qui avaient été dans l'Orient ou en Morée; mais rien n'indiquait du reste que l'ennemi crût à la possibilité d'un débarquement, et notre étonnement était à son comble, de voir une insouciance pareille relativement au point de leur côte qui était désigné depuis plusieurs mois, par les papiers publics de toutes les nations, comme devant être attaqué pour y opérer le débarquement. Quelques Arabes parurent cependant, et ils se plurent à nous donner une idée de la vitesse de leurs chevaux en les faisant courir sur le sable; ils parais-

saient et disparaissaient dans les dunes;
peu à peu leur nombre s'accrut, et du haut
des hunes on voyait de nombreuses colonnes se diriger sur le point menacé; leur
nombre pouvait s'élever à trois ou quatre
mille. On voulut savoir s'ils avaient du canon, et l'amiral donna l'ordre au bâtiment
à vapeur *le Nageur*, capitaine Louvrier, de
s'approcher le plus possible de la côte, et
d'envoyer quelques boulets à toute volée.
Bientôt l'ennemi riposta; mais soit mala-
dresse de ses canonniers, soit trop grande
portée, ses bombes n'arrivèrent pas jusqu'à
nous, et un seul homme fut blessé à bord
du *Breslaw*. L'ennemi reconnaissant l'impossibilité de nous faire aucun mal à la distance
où étaient ses batteries, cessa le feu.

On se disposa, à bord de tous les bâtiments, à la grande opération du lendemain;
l'ardeur des troupes était extrême; les soldats, joyeux de se voir rendre leurs armes,
dont ils avaient été privés pendant toute la
traversée, se disposaient à en faire bon usage
contre les *Badouins* : c'est ainsi qu'ils déna-
turaient déja le nom de leurs ennemis; mille

plaisanteries circulaient dans les rangs, et ceux d'entre nous qui avaient fait les guerres de l'Empire remarquaient à ce sujet avec satisfaction combien le jeune soldat de 1830 ressemblait au vétéran de la grande armée. Même insouciance de la mort, desir ardent de voir du nouveau, esprit vif, intelligent, vivant au jour le jour, ne s'inquiétant jamais du lendemain, d'une gaieté intarissable, et d'une imprévoyance telle, qu'ils jetaient déja presque tout ce que contenait leur sac, leurs vivres mêmes, pour pouvoir courir plus vite à l'ennemi.

Les officiers de la marine commandant les embarcations qui devaient remorquer les chalans, jaloux de se distinguer dans cette occasion, et de nous prouver qu'ils étoient aussi capables de bien faire à terre qu'à bord, se promettaient de n'être pas les derniers à aborder le rivage africain. On s'attendait à une résistance vigoureuse, et chacun voulait avoir sa part de gloire dans cette lutte sanglante. Toute la nuit se passa en préparatifs, et on distribua à la troupe les cinq jours de vivres qu'elle devait porter.

Avant le jour la mer était sillonnée d'embarcations et de chalans chargés de troupes ;
la lune seule éclairait faiblement ce spectacle imposant. Le temps était superbe, la
mer calme, et le bruit des rames interrom-
pait seul le silence qui régnait dans toute
l'armée. On s'interrogeait à voix basse ; on
cherchait à découvrir l'ennemi, à deviner
ses dispositions de défense. Une traversée de
plus d'un mois avait établi entre les marins
et nous une certaine fraternité ; nos adieux
furent sincères, et chacun de nous, en les
quittant pour marcher à l'ennemi, oublia et
les vexations et les petites contrariétés du
bord ; d'ailleurs, entre frères d'armes, ce
qu'on peut avoir à se reprocher ne laisse pas
de traces de longue durée ; leur rôle était
fini, le nôtre allait commencer ; notre part
était plus belle, nous devions nous montrer
généreux.

L'ordre de débarquement arrêté par l'amiral Duperré était admirablement suivi de
point en point ; les deux premières brigades
de la première division aux ordres des généraux Poret de Morvan et Achard étaient dans

les chalans, rangés en ligne, et attendant le signal. A la petite pointe du jour ce signal fut donné, et peu d'instants après le rivage fut couvert de soldats et de marins qui, aux cris de *vive le Roi!* avaient sauté dans la mer, et couraient en cherchant l'ennemi dans tous les sens. La batterie fut occupée, et un marin eut l'honneur d'y arborer le premier le drapeau blanc. On opéra avec prudence relativement à la tour, et comme il était possible qu'elle fût minée, pour éviter tout accident on en défendit l'entrée, et une compagnie de mineurs y fut envoyée pour l'examiner avec soin.

Nous touchions enfin le sol africain! et ce rivage tant desiré, que les ennemis de notre gloire nous avaient désigné comme inabordable, était couvert de nos bataillons! Nos premières pensées, dans ce moment solennel, furent pour la France; un recueillement religieux s'empara de nous, mais nous en fûmes promptement tirés par le canon de l'ennemi.

M. de Bourmont venait de débarquer avec son état-major; il s'avança vers l'entrée

3.

de la presqu'île, où la première division était déployée par masses de bataillons, et attendait des ordres. Il la fit porter en avant, en pivotant sur sa gauche, pour débusquer l'ennemi, dont le feu nous incommodait. Il était monté sur une dune, et causait avec son chef d'état-major, lorsqu'un boulet vint tomber à ses pieds et le couvrit de sable ainsi que ceux qui étaient à ses côtés. Il fut aussitôt entouré par l'état-major-général qu'il rassura avec son sang-froid et sa bonté ordinaire. Ce mouvement précipité dut faire croire à l'ennemi que ses coups nous avaient été funestes, car les boulets se succédèrent à la même place avec une rapidité étonnante et une justesse remarquable.

Cet état-major-général présentait dans ce moment le spectacle le plus bizarre. Il se composait, indépendamment des aides-de-camp du général en chef et de l'état-major proprement dit, de plusieurs jeunes officiers appartenant aux premières familles du royaume, que le desir de faire la guerre avait amenés en Afrique, de quelques anciens officiers de mamelucks qui avaient qualité d'interprètes, de consuls français qui avaient habité le pays, et de quelques volontaires russes, anglais, allemands, qui voulaient être témoins des événements de la campagne. Tout ce monde était à pied, et comme on ignorait quand les chevaux pourraient débarquer, chacun s'était affublé d'une musette ou d'un sac de forme quelconque pour y mettre des vivres. Les uns avaient leurs manteaux roulés autour du corps et leurs pistolets à la ceinture ; d'autres étaient armés de fusils de chasse. Quelques uns, tout entiers à la partie scientifique du métier, ployaient sous le poids de livres et de cartes ; enfin notre tenue était plus ou moins grotesque, et nous ne pûmes nous empêcher d'en rire entre nous. Les ordres se succédaient avec rapidité, et les plaisanteries accompagnaient toujours le malheureux dont le tour à marcher l'obligeait à courir dans le sable avec ses armes, sa tenue de cheval, et sa charge de vivres.

Le général Poret de Morvan à la tête de sa brigade, composée des 2e et 4e légers et 3e de ligne, débusqua l'ennemi de toutes ses positions et s'empara des batteries. Ce fut dans une de ces batteries que *Charles de Bourmont*, troisième fils du général en chef, entra le premier, accompagné du jeune *Bessières*, sous-lieutenant au 3ᵉ de ligne. Les généraux Achard et Clouet à la tête de leurs brigades respectives, lièrent leurs mouvements à celui du général Poret de Morvan, et prirent leur ordre de bataille; de sorte que le général Berthezène, une fois maître des positions ennemies, occupa avec sa division un arc de cercle dont la gauche s'appuyait à la mer, et la droite se liait à la deuxième division. Dans son rapport au général en chef, il cita comme s'étant particulièrement distingués MM. *Delaure*, capitaine de voltigeurs au 4ᵉ léger, et *Clouet*, capitaine de carabiniers au même régiment; *Bache*, sous-lieutenant au 2ᵉ léger; *Bellecard*, capitaine au 14ᵉ de ligne, et *Abadie*, capitaine au 37ᵉ de ligne; le soldat *Cermi*, du 14ᵉ, qui blessé et renversé par le boulet qui avait tué son chef de file, s'était relevé en criant *vive le Roi!*

Treize pièces de canon et deux mortiers pris à l'ennemi furent les trophées de cette journée.

Torre-Chica ayant été reconnue habitable, le quartier-général s'y installa. Le général Berthezène continua à se porter en avant; la division Loverdo se plaça à sa droite, de manière à prolonger l'arc de cercle en étendant sa droite dans la direction de la baie où la flotte était mouillée. M. le duc d'Escars, avec la troisième, occupa l'espace compris entre le retranchement tracé dans la matinée même par le général Valazé et la partie basse de la presqu'île. L'intendant en chef s'établit au Palmier, au pied de la hauteur de Torre-Chica, de manière à être à portée du point de débarquement, et il groupa ses magasins autour de son établissement. L'artillerie et le génie se réservèrent un espace pour leurs parcs et leurs munitions.

La presqu'île de Sidi-Ferruch tire son nom d'un *marabout*, espèce d'ermite en grande vénération chez les Algériens, qui était venu s'établir sur la hauteur qui la ter-

mine du côté de la mer, et où l'on voit aujourd'hui une petite mosquée entourée de
quelques constructions, et surmontée d'une
tour carrée à laquelle les Espagnols ont
donné le nom de *Torre-Chica* (petite tour).
Elle est située à cinq lieues environ à l'ouest
d'Alger. Le cap qui la termine forme la
pointe d'une baie large et spacieuse, de deux
lieues de tour à-peu-près, où se jettent le
Ma-za-fran et plusieurs autres ruisseaux. La
côte y est plate et semée de petites dunes de
sable. L'aspect du terrain en avant de la presqu'île répond parfaitement à la description
qu'en fait le capitaine du génie Boutin dans le
Mémoire qu'il a laissé sur la reconnaissance
militaire qu'il fit en 1808, par ordre du gouvernement impérial. Ce terrain est sablon-
neux et légèrement onduleux. De fortes
broussailles le couvrent dans presque toutes
ses parties, et on y distingue en grande
quantité des arbousiers, des lentisques, et
des plantes rampantes. Le rocher sur lequel
Torre-Chica est construit, est de pierre calcaire. Les bâtiments légers peuvent facilement aborder dans toute la baie, mais les

vaisseaux et les frégates ne trouvent de fond
qu'à trois cents mètres de la côte. L'eau est
abondante à trois pieds au-dessous du sol.
Autour de Torre-Chica seulement se trouvaient des traces de culture; des haies d'a-
loès et de raquettes séparaient quelques
champs semés d'orge ou plantés de légumes
qui devaient suffire à la nourriture du Der-
viche, chargé de la garde du tombeau du
marabout. Le fond de la baie dans laquelle la flotte était mouillée est assez bon,
mais elle est ouverte aux vents de nord-
ouest qui soufflent avec tant de violence
dans ces parages, et elle est impraticable,
par cette raison, pendant plusieurs mois de
l'année. Celle de gauche a moins de fond;
plusieurs bâtiments légers, tels que des
bricks, purent seuls y mouiller pour appuyer les mouvements de nos troupes. Le
pays en avant de la presqu'île continue à
être plat et se prolonge ainsi jusqu'au pied
de la chaîne du petit Atlas; à gauche, dans
la direction d'Alger et aux approches de
cette ville, il devient accidenteux et montueux. De la terrasse de Torre-Chica on le

découvre au loin, et on aperçoit le Boud-Jearah qui domine Alger.

Les broussailles fournirent amplement aux besoins des bivouacs; mais les troupes, harcelées dans le jour par une cavalerie nombreuse, ne purent y goûter les douceurs du sommeil pendant les premières nuits. La crainte d'être surpris par l'ennemi fit rester sous les armes; et c'est ainsi, et formés en carrés, que nos soldats assis sur leurs sacs furent exposés à la fraîcheur pénétrante des nuits, et repoussèrent les attaques des Bédouins. Chaque rang veillait alternativement, tandis que les deux autres se livraient au sommeil. Ils étaient de plus protégés par une enceinte de faisceaux de lances assemblées trois à trois, et fixées solidement par des chevilles et un anneau en fer. Ce rempart mobile était d'un grand secours et avait rendu de grands services dans la campagne d'Égypte. Le général Valazé avait particulièrement exercé les compagnies de sapeurs du génie sous ses ordres, à se servir de ce moyen de défense, et plus d'une fois ces braves à la tête de nos colonnes facilitèrent nos opérations, en opposant à l'ennemi un obstacle qui l'arrêtait, et le mettait hors d'état de faire agir contre nous sa nombreuse cavalerie. A la demande générale des chefs de corps, on fit ôter les coiffes blanches des shakos, elles servaient de point de mire à l'ennemi, et empêchaient de lui masquer aucun mouvement.

Le général Clouet, qui couvrait avec sa brigade, la gauche de nos avant-postes, eut à repousser plusieurs attaques très vives de l'ennemi, qui cherchait à le tourner. Les troupes, enveloppées plusieurs fois, firent très bonne contenance, et il maintint sa position.

Le débarquement du matériel avait commencé immédiatement après celui de l'armée; déjà le 15 au soir, une batterie était attelée, et quelques officiers-généraux ou supérieurs avaient chacun un cheval. La marine fournissait une quantité considérable d'hommes des équipages, qui, aidés par des corvées nombreuses prises dans les régiments, accéléraient ces travaux. M. Aubry, lieutenant de vaisseau, y pré-

sidait; il y apportait ce zèle et cette activité
qui l'avaient déja fait remarquer à Toulon,
lors de l'embarquement des chevaux. De
nombreuses embarcations remorquant les
chalans, ou allant d'un bord à l'autre, sil-
lonnaient la mer en tous sens, et abordaient
au rivage pour y débarquer des chevaux,
des canons, des vivres, des munitions et des
fourrages. Des fanions de diverses couleurs
indiquaient sur la plage l'emplacement où
chaque chose devait être apportée. Les approvisionnements de vin, de riz, de biscuit,
de farine, étaient rangés en bon ordre au
lieu choisi par l'intendance. Un pavillon
rouge avec deux canons en croix indiquait
l'endroit où les munitions de guerre devaient être portées. Les effets de campement avaient leur place, ceux des hôpitaux
la leur, et déja des charpentes toutes taillées
et montées comme par enchantement promettaient aux soldats blessés des ambulances vastes, commodes et aérées.

Le personnel de l'administration étant
alors fort peu nombreux, le général Valazé
donna à l'intendant en chef, des ouvriers

du génie pour hâter l'installation des douze fours en tôle, et pour commencer la construction d'une manutention de huit fours en brique. On avait, à cet effet, chargé sur un transport, des briques, de la chaux, et toutes les pièces en bois et en fer nécessaires pour l'établissement des fours. L'artillerie, le génie et l'administration s'entr'aidaient réciproquement comme concourant tous à un but commun, et y apportant un desir égal de succès. C'est ainsi que l'intendant en chef mit à son tour à la disposition du général Lahitte, des hangars d'hôpitaux, pour abriter les poudres. Cet accord et cette harmonie ne furent pas altérés un seul instant, et contribuèrent puissamment aux succès de l'expédition.

Pendant la nuit du 15 au 16, le vent de nord-ouest souffla avec violence, et dans la matinée du 16, les bâtiments de la flotte, agités par une mer très houleuse, donnèrent les plus vives inquiétudes : ils contenaient encore tous nos approvisionnements, et il était impossible de calculer les désastres qui devaient résulter d'un naufrage proba-

ble. La campagne manquée, l'armée livrée
sur un pays sans ressources, à une population sauvage et altérée de sang, sans vivres,
sans munitions pour s'en procurer, sans artillerie de siége, sans chevaux, enfin dénuée
de tout... telles étaient les tristes réflexions
que nous faisions, en jetant les yeux sur
ces vaisseaux qui étaient notre unique espoir. Enfin le temps devint meilleur, la mer
se calma un peu, et le débarquement inter-
rompu pendant deux jours put recommen-
cer. Nos blessés, qui avaient été transportés
à bord pendant les journées des 14 et 15,
faute de moyens pour les soigner à terre,
souffrirent horriblement. *La Vigogne*, corvette de charge, commandée par M. de Ser-
cey, qui avait reçu cette destination, courut
les plus grands dangers : elle chassa sur ses
ancres, cassa son gouvernail, et sans un bâtiment à vapeur, elle eût infailliblement péri.

Les travaux du génie étaient poussés avec
activité; dès le 15 on pouvait apercevoir
le tracé du retranchement destiné à fermer
la presqu'île. Trois mille cinq cents travailleurs, se relevant de quatre heures en quatre

heures, étaient constamment mis à la disposition des officiers de cette arme. De plus,
des détachements de sapeurs, envoyés aux
avant-postes, dirigeaient les travaux des redoutes et points fortifiés destinés à appuyer
nos troupes.

L'artillerie déployait aussi une grande activité; le général Lahitte qui la commandait
était par-tout : cet officier-général, jaloux de
prouver la supériorité du nouveau matériel
sur l'ancien, parvenait avec ses pièces aux
points les plus difficiles à occuper, et on le
voyait toujours là où il y avait de la gloire à
acquérir.

Tout se perfectionnait aussi dans le camp;
les baraques de feuillage mieux construites, les rues alignées au cordeau, les canti-
niers, les bagages, tout cet ensemble lui
donnait l'aspect d'une ville pleine de vie et
de mouvement. Les cabarets et les guin-
guettes y étaient en grand nombre, des enseignes s'y faisaient remarquer, et la boutique
du *Pourvoyeur de Nantes* était constamment
assiégée par ceux qui étaient assez riches
pour dédaigner le vin de distribution et l'or-

dinaire composé alors uniquement de lard
et de riz.

Dès le 15 nos soldats avaient acquis la
certitude du danger qu'ils couraient s'ils
tombaient entre les mains des Arabes; plusieurs cadavres de leurs camarades trouvés
décapités leur apprirent à quel ennemi ils
avaient affaire. L'exaspération était à son
comble dans nos rangs, et on se promettait
de ne pas faire de quartier. Alors se présen-
ta à nos avant-postes un Bédouin à barbe
blanche; ses gestes cherchaient à nous faire
comprendre que sa mission venait d'en haut;
il semblait inspiré du ciel; son vêtement, sa
haute stature, tout en lui imprimait le respect et l'étonnement; nos soldats l'accueil-
lirent, et il fut confié à un officier qui eut
ordre de le conduire au général en chef.

Pendant le trajet il fut l'objet de la curiosité générale, et la foule l'entourait. De
la hauteur de Torre-Chica, on voyait les
soldats abandonner leurs bivouacs, leurs
travaux, et courir au-devant de cette foule
qui grossissait sans cesse. Un seul homme
essaya de le tuer: il voulait probablement

venger la mort d'un ami!... heureusement
sa tentative ne réussit pas, et l'armée n'eut
pas à se reprocher un lâche assassinat. Arrivé en présence de M. de Bourmont, il fut
questionné : ses réponses et le peu d'ordre
qu'il y avait dans ses idées firent croire à
tout le monde que son cerveau était malade.
On le soigna, on lui donna des vivres, et il
fut reconduit aux avant-postes : cet homme
était chef de tribu ; nous avons su depuis
qu'il passait parmi les siens pour un inspiré
de Dieu. Il s'était dévoué dans cette circonstance, et était venu se livrer à nous pour
plaider la cause de sa tribu. Les bons traitements qu'il reçut produisirent leur effet,
car le vendredi suivant (18 juin), jour consacré au repos par les musulmans, plusieurs
Bédouins se présentèrent à nos avant-postes ;
ils avaient des bâtons surmontés d'étoffe
blanche en signe de paix, et s'annoncèrent
comme venant traiter pour leurs tribus ; ils
nous apprirent que des forces considérables
étaient arrivées au camp de Staouëli ; que
l'Aga, gendre du Dey, s'y trouvait avec les
meilleures troupes de la Régence, et que les

Beys de Tittery et de Constantine l'avaient joint avec leurs contingents. Ils demandaient qu'on leur assurât la propriété de leurs femmes et de leurs troupeaux; et ils prenaient l'engagement de se retirer dans leurs montagnes : cette négociation avait lieu vis-à-vis les avant-postes de la deuxième division; ce furent les généraux Loverdo et Munck d'Uzer qui s'abouchèrent avec eux, et ratifièrent cette espèce de traité. Lorsque la nouvelle en fut connue dans l'armée, elle y répandit la joie; on se voyait déja délivré de cet ennemi incommode qui, sans cesse sur nos flancs, nous harcelait jour et nuit, et interceptait déja nos communications.

Nous apprîmes par eux que le Dey, plein de confiance dans la supériorité de ses forces, avait donné l'ordre de ne s'opposer en rien à notre débarquement, persuadé que pas un Français ne rapporterait en Europe la nouvelle de la destruction de l'armée. Il comptait sur-tout sur les janissaires, et n'avait rien négligé pour enflammer leur enthousiasme religieux. Des prières publiques avaient eu lieu dans toutes les mosquées, et on avait exposé en grande pompe les ossements d'un marabout qui, suivant une tradition antique, avait prédit la destruction de la flotte de Charles-Quint. A la voix du Mufti, les croyants coururent aux armes, et une récompense de cent piastres fut promise à ceux qui rapporteraient la tête d'un Français. Les tribus arabes de l'Atlas descendirent dans la plaine, et l'Aga, gendre du Dey, nommé général en chef, leur donna rendez-vous au camp de Staouëli.

Toute notre attention était donc portée sur le camp de Staouëli, distant de deux lieues à-peu-près de nos retranchements. Le nombre de tentes y augmentait sensiblement; des nuages de poussière indiquaient constamment l'arrivée de troupes fraîches, et plusieurs ouvrages en terre, qu'on distinguait parfaitement avec la lunette, et auxquels l'ennemi travaillait avec beaucoup d'activité, indiquaient l'importance qu'il attachait à cette position.

Dès le 17 les vivres étaient assurés pour quinze jours; l'artillerie de campagne était entièrement débarquée avec un approvi-

4.

sionnement de 220 coups par pièce, et des batteries placées aux avant-postes y maintenaient l'ennemi à bonne distance.

Jusqu'au 18, les Arabes entretinrent avec nos avant-postes un feu presque continuel de tirailleurs. Ils arrivaient avec toute la vitesse de leurs chevaux, le corps penché en avant sur l'encolure, s'arrêtaient à une petite distance, tiraient leur coup de fusil, puis tournaient bride et rejoignaient les leurs avec la même vitesse. La longueur de leurs armes à feu leur donnait une supériorité bien marquée sur nos fusils de munition; aussi leur opposa-t-on des canonniers armés de fusils de rempart. Ceux-ci, embusqués derrière des accidents de terrain ou de légers épaulements, se donnaient le temps d'ajuster leurs adversaires, et ils firent un grand ravage dans les rangs algériens. Ces engagements de tirailleurs fréquents et journaliers, produits par la nature du terrain et l'espèce de troupes qui nous étaient opposées, aguerrirent rapidement nos soldats, dont l'agilité et l'intelligence naturelle con-

viennent parfaitement à ce genre de guerre.
Ils ne se démentirent pas un seul instant, et
malgré une chaleur accablante qui, pendant
plusieurs jours, dépassa 28 degrés, malgré le
poids énorme de leur sac, de leurs vivres, et
soixante cartouches, leur élan fut constamment le même. Ils ne tardèrent pas à allier la
ruse à l'audace, et ils devinrent en peu de
temps plus redoutables en sachant mettre à
profit les abris offerts par un terrain acciden-
té. Ces combats journaliers nous coûtaient de
cinquante à quatre-vingts hommes; la perte
de l'ennemi était beaucoup plus considérable; mais elle n'a jamais pu être évaluée
au juste, parceque les Turcs sont dans l'u-
sage de ne jamais abandonner un homme
tué ou blessé sur un champ de bataille. Ils
ont tous une corde attachée à la selle de
leurs chevaux, et par ce moyen, ou bien
avec le fer de leur lance où se trouve un
crochet, ils traînent à leur suite ceux des
leurs qui ont été atteints, et préfèrent les
posséder sans vie, que de les laisser vivants
entre les mains des chrétiens.

Nos reconnaissances du matin laissaient des proclamations dans tous les lieux qu'elles parcouraient, et des ordres étaient donnés aux avant-postes pour qu'on ne tirât pas sur ceux qui venaient les chercher.

CHAPITRE III.

Affaire de Staouëli. — Camp des Arabes. — Route militaire. — Artistes français. — Bois d'orangers. — Combat de Sidi-Kalef. — Amédée de Bourmont.

Le 18 juin, au soir, les contingents d'Oran et de Tittery, et une grande partie de la milice turque d'Alger, étaient réunis au camp de Staouëli; leur nombre s'élevait à plus de quarante mille hommes. L'inaction de l'armée française qui attendait le débarquement des moyens de transport, des subsistances, et du matériel de siège, avait été faussement interprétée par l'Aga, commandant en chef de toutes ces forces. Il crut que le moment était arrivé de faire une attaque générale, et elle fut résolue pour le lendemain à la pointe du jour. Effectivement le 19, après les prières que font tous les musulmans au commencement du jour, l'armée algérienne se mit en mouvement en poussant des cris affreux. Elle était déployée sur une ligne beaucoup plus étendue que le front de nos positions; les feux de tirailleurs ne tardèrent pas à s'étendre sur tout le développement de nos avant-postes, et le canon qui se fit entendre sur plusieurs points annonça une affaire sérieuse. Les officiers envoyés à Sidi-Ferruch auprès du général en chef par les généraux Berthezène et Loverdo faisaient monter les forces de l'ennemi à près de cinquante mille hommes; d'après leurs rapports, les Algériens avaient porté la plus grande partie de leurs forces du côté de la division Loverdo; le ruisseau qui les séparait la veille avait été franchi par eux, et nos troupes, pour les refouler de l'autre côté, les avaient abordés à la baïonnette, et en avaient fait un grand carnage. Les brigades Achard et Clouet de la 1re division avaient reçu le choc de la milice turque, et le général Berthezène, tout en repoussant ces attaques, se contentait de se maintenir dans ses positions. Seulement les tirailleurs du général Clouet, emportés par trop d'ardeur, avaient poussé vivement leurs adversaires devant eux, et cet officier-

général s'était vu obligé, pour ne pas faire
faire un mouvement rétrograde à ses troupes, d'occuper avec sa brigade, composée
des 20ᵉ et 28ᵉ de ligne, les hauteurs dont
les Algériens avaient été débusqués; de manière que cette brigade se trouvait faire
une pointe en avant de toute l'armée, et le
général Berthezène demandait du renfort
pour la soutenir, et des instructions pour se
porter en avant.

Les choses en étaient là, lorsque le général en chef arriva sur le champ de bataille avec son état-major pour juger par
lui-même du parti qu'il y avait à prendre.
Son intention n'avait pas été d'abord de
donner suite à cette affaire, parceque le
débarquement du matériel n'était pas assez avancé, et que nous n'avions encore
qu'une petite partie de nos chevaux; mais
lorsqu'il eut bien jugé son terrain, qu'il
vit que l'ennemi, dont les forces étaient
imposantes, paraissait ébranlé par la bonne
contenance de nos bataillons, et que le
soldat était plein d'ardeur pour continuer
une journée si bien commencée, sa résolu-

tion fut bientôt prise. L'ordre avait été donné à trois régiments de la division d'Escars
de se porter sur le champ de bataille; aussitôt que la tête de leurs colonnes parut, le
général Loverdo, qui s'était formé en éche-
lons par brigades, l'aile droite en avant, se
mit en marche; et lorsqu'il eut décrit une
conversion qui le ramenait à la hauteur de la
division Berthezène, qui était à sa gauche, le
général en chef, placé au centre de la ligne,
donna le signal de l'attaque, et les troupes
s'ébranlèrent au pas de charge et aux cris
de *vive le Roi!* L'enthousiasme de ces braves
était à son comble; l'ennemi, débusqué de
toutes ses positions, fut mis en déroute, et
quelques coups de canon tirés des batteries
fraîchement faites en avant de Staouëli sou-
tinrent seuls sa retraite. Ces batteries furent enlevées par le 20ᵉ, et le général en chef
adressa à ce sujet des félicitations à ceux
qui y étaient entrés les premiers, et leur
promit des récompenses. On y trouva huit
pièces en bronze et plusieurs autres en fer.

Notre artillerie se multipliait par la rapidité de ses mouvements; plusieurs coups

de canon, pointés avec adresse, n'avaient
pas peu contribué à mettre le désordre dans
les rangs ennemis. Le général Clouet se loua
beaucoup du lieutenant *Delamarre*, qui,
avec ses deux pièces, avait pris une grande
part au succès de sa brigade, et le général
Loverdo ne donna pas moins d'éloges au
capitaine *Lelièvre*, commandant la batterie
d'obusiers de montagne; les canonniers de
cette batterie portaient les munitions, et
traînaient les pièces à la bricole, les mulets
n'étant pas encore débarqués. Le lieutenant
Vernier marcha aussi constamment avec ses
deux obusiers de 24, à hauteur des tirailleurs
du général Berthezène; enfin l'artillerie décida dans cette journée la question entre
l'ancien et le nouveau système : et sa nouvelle manière de combattre avec les tirailleurs acquit à celui-ci une supériorité bien
marquée sur l'ancien.

Au moment où nous parûmes en vue de
Staouëli, ce camp était évacué par les Algériens qui fuyaient dans toutes les direc-
tions. Nos tirailleurs y furent bientôt, et ils
trouvèrent les tentes remplies de tout ce

qu'y avaient apporté les Algériens depuis le
commencement de la campagne; plusieurs
d'entre eux eurent la main heureuse, et
s'appliquèrent le proverbe qui dit que tout
ce qui est pris à l'ennemi sur un champ de
bataille est de bonne prise. Pour la première
fois nous vîmes des chameaux; l'ennemi
dans la rapidité de sa fuite n'avait pu les
emmener, et on en trouva une grande quantité dans le camp; on les rassembla en troupeaux, et ils furent immédiatement dirigés
sur Sidi-Ferruch. L'apparition de cet animal
extraordinaire excita une hilarité générale,
nos soldats ne tarissaient pas en plaisanteries
sur leur compte; et ils oublièrent bientôt et
les fatigues de la journée et les Algériens
pour ne penser qu'aux chameaux. Plus tard
on voulut les utiliser, et on en fit une distribution régulière aux corps et aux officiers sans troupe comme un moyen de
transport; mais ils rendirent peu de services,
parceque leurs conducteurs n'avaient ni la
douceur et la patience des Arabes pour les
diriger, ni leur adresse pour les charger. Ils
y renoncèrent presque tous, et donnèrent

par-là une preuve de plus de l'insouciance et du peu de prévoyance qui caractérise les soldats français. On en tua plusieurs pour les manger.

Le général en chef poussa en avant avec quelques bataillons, et s'arrêta à peu de distance du camp lorsqu'il se fut assuré que l'ennemi était en pleine retraite; on voyait effectivement ses colonnes en désordre gagner précipitamment toutes les gorges qui mènent au Boud - Jearah. L'armée algérienne, comme toutes les troupes irrégulières, n'avait pu soutenir la marche franche de nos colonnes, ni le feu de notre artillerie; c'est à quoi l'on dut les résultats immenses de cette affaire qui décida du sort de la campagne. Les Algériens furent tellement effrayés de la perte de leurs meilleures troupes qui avaient été mises en première ligne à l'attaque du matin, de la mort du Calife d'Oran et de plusieurs chefs de distinction, de la prise du matériel immense que renfermait leur camp, que le lendemain leur armée était réduite à vingt mille hommes. Les prisonniers, interrogés sur leur peu de résistance alors que les

Français avaient repris l'offensive, répondirent: « Comment aurions-nous pu vous arrêter? quels moyens avions-nous? plus on « vous oppose de forces, plus on vous envoie « de balles et de boulets, et plus vite vous « avancez. »

Le général Berthezène fit le plus grand éloge des colonels *Feuchères*, du 37e; *Horric*, du 20e; *Monnier*, du 28e, et *de Brossard*, chef d'état-major de sa division. Il cita avec distinction MM. *Trémaux*, chef de bataillon au 37e; *de Lafarre*[1], capitaine, et *Augis*, chirurgien-major au même régiment; *Biré* et *Droque*, officiers au 20e, et *Survicy*, souslieutenant au 14e. Les nommés *Haus*, chasseur au 2e léger, et *Rousselin*, voltigeur au 37e de ligne, avaient refusé, quoique blessés, de quitter le champ de bataille.

Le général Loverdo recommanda aussi comme s'étant particulièrement distingués: MM. *Jacobi*, colonel-chef d'état-major de sa division; *Aupick*, chef de bataillon, et *Perrot*

[1] Ce jeune et brave officier a été tué au mois de décembre dernier, à la tête de sa compagnie, lors de l'expédition du général Clauzel contre Belida et Médéha.

et *Riban*, capitaines; *Magnan*, colonel du 49°;
Léridan, colonel du 48°, et *Mangin*, colonel
du 15°; *Boullé*, lieutenant-colonel du 6° de
ligne; *Blanchard*, capitaine de voltigeurs au
même régiment; *Delacroix*, capitaine de voltigeurs au 49°; *Lévêque*, lieutenant de voltigeurs au 15°; *Darricau*, sous-lieutenant au
48°; *Duchâtelier*, capitaine au 21°, et *Lava-
gnac*, lieutenant au 29°.

La journée de Staouëli sera à jamais mémorable pour les armes françaises; elle ra-
jeunit en nous les souvenirs des batailles
d'Héliopolis et des Pyramides. Six cents
hommes payèrent de leur sang ce glorieux
triomphe, et la perte des Algériens peut être
évaluée à cinq mille hommes. Nos soldats,
irrités par la férocité de leurs ennemis, firent
peu de prisonniers, et ne pensèrent à sauver
les blessés qu'après la victoire. Les troupes
montrèrent dans cette circonstance la va-
leur la plus brillante; et parmi les traits de
courage dignes d'être mentionnés, il en est
peu qui puissent exciter l'admiration à un
plus haut degré que le suivant, choisi entre
mille. Un caporal et deux voltigeurs du 37°

avaient pris entre eux l'engagement sacré d'enlever un drapeau à l'ennemi. Le premier arrive à l'ambulance atteint d'une balle qui lui avait cassé le bras ; le second, aussi malheureux que le premier, le suit bientôt. Arrive enfin le troisième; il avait le corps traversé d'une balle, mais il s'était entouré comme d'une ceinture de l'étendard qu'il avait arraché à un Turc à l'instant où celui-ci le plantait sur un épaulement.

Les divisions Berthezène et Loverdo s'établirent dans le camp, et les tentes des Arabes leur servirent d'abris. Plusieurs de ces tentes étaient d'une richesse remarquable ; celles de l'Aga et des Beys qui étaient venus à la tête de leurs contingents se distinguaient par leurs grandes dimensions : elles étaient divisées en plusieurs compartiments richement décorés, et donnaient une haute idée du luxe oriental. Du reste, rien n'indiquait un ordre de campement, et il était impossible de calculer au premier coup d'œil quelle avait pu être la force de l'ennemi d'après le nombre de ses tentes qui montait à-peu-près à quatre cents. Elles étaient toutes de formes différentes, et

renfermaient, les unes des approvisionnements de farine, d'orge, de pain confectionné; d'autres des munitions de toute espèce,
de la poudre, des balles, et des ustensiles de
toutes les formes. La correspondance de l'Aga
tomba en notre pouvoir, et on y remarqua
une lettre d'un de ses émissaires, dans laquelle il était dit que les Arabes n'étaient
disposés à marcher qu'au prix de l'or, et qu'ils
voulaient même être payés en monnaie de
tel et tel règne. Plusieurs drapeaux pris sur
l'ennemi furent apportés au général en chef.
Tous ces trophées nous rappelaient les brillants exploits de cette armée d'Égypte qui
fit l'admiration du monde entier, et nos jeunes soldats étaient fiers de perpétuer les souvenirs de gloire de leurs devanciers.

Le général en chef dut souffrir de ne
pouvoir récompenser tant de braves sur le
champ de bataille même où ils s'étaient distingués; et depuis nous eûmes souvent lieu
de déplorer ce fatal système qui lui avait refusé les pleins pouvoirs nécessaires.

L'artillerie de siège n'étant pas encore totalement débarquée, et les chevaux destinés

5

à la transporter n'étant pas même arrivés, on pensa qu'il était inutile de pousser ce succès plus avant; et le général en chef après avoir établi ses deux premières divisions à Staouëli, retourna à Sidi-Ferruch où sa présence était réclamée pour accélérer les opérations du débarquement, et rendre plus faciles les rapports avec la marine. L'ordre du jour suivant fut publié le 20 au matin :

Au quartier-général de Sidi-Ferruch, le 20 juin 1830.

« Les troupes de l'armée d'expédition,
« dans les journées du 14 et du 19 juin,
« ont répondu à l'attente du Roi, et déjà
« elles ont vengé l'insulte faite au pavillon
« français. La milice turque avait cru qu'il
« était aussi facile de nous vaincre que de
« nous outrager; une entière défaite l'a dés-
« abusée, et c'est désormais dans l'enceinte
« d'Alger que nous aurons à la combattre.
« Déjà beaucoup d'Arabes retournent dans
« leurs foyers, d'où la terreur les avait seule
« arrachés. Bientôt ils reviendront pour
« nous vendre leurs troupeaux et porter

« l'abondance dans nos camps. Le géné-
« ral en chef rappelle à l'armée que les
« Arabes doivent y trouver un accueil ami-
« cal, et que tous les marchés conclus avec
« eux doivent être exécutés consciencieu-
« sement.

« Les troupes de toutes les armes ont ri-
« valisé de dévouement. L'administration,
« par la sagesse de ses dispositions, par les
« soins qu'elle donne aux blessés, a aussi
« droit à des éloges.

« Le général en chef fera valoir auprès
« du gouvernement les services de tous. Il
« réclamera les bontés du Roi pour ceux qui
« s'en seront rendus les plus dignes.

« Toutes les fois que l'armée a combattu,
« le feu des bâtiments du Roi a appuyé ses
« mouvements et a puissamment contribué
« aux succès que nous avons obtenus. »

Le génie s'occupa aussitôt du prolongement de la route qui débouchait des retranchements de Sidi-Ferruch, et ce beau travail
fut terminé comme par enchantement, sur
un développement de près de trois lieues.

5.

On travailla sans relâche à l'armement des retranchements, et l'artillerie prise sur les Algériens reçut cette destination; la marine nous fournit des affûts.

Le camp de Staouëli fut l'objet d'une curiosité générale, et la route qui y conduisait était sans cesse couverte de soldats de la troisième division et de marins qui y étaient attirés par les récits merveilleux de ceux qui y avaient combattu, et chacun de ces curieux en rapportait quelque chose. Cette route dans laquelle on voyait des cantinières allant et venant avec leurs mulets chargés de provisions, des matelots de toutes les nations appartenant au commerce, des artistes qu'on aurait plutôt pris pour des volontaires, à voir leurs moustaches et leurs armes; des voitures de vivres, d'ambulance, des caissons d'artillerie : cette route, dis-je, était des plus animées et nous faisait quelquefois illusion, au point de nous croire en France dans les environs d'une place forte de la frontière ou d'un de nos ports militaires.

Nous eûmes, pendant la campagne, occasion d'admirer le zèle et le courage de

ces jeunes gens que l'amour de leur art
avait amenés en Afrique. Étrangers aux
dures habitudes du métier des armes, privés de ce stimulant qui fait que l'homme
de guerre affronte tout, on les voyait cependant suivre nos colonnes victorieuses,
et les accompagner par-tout où il y avait
un effet, une pose, un sujet de tableau à
saisir. Nous les avions adoptés, et chacun de
nous cherchait à leur rendre leur tâche plus
facile. Parmi eux se distinguait M. Langlois,
à-la-fois officier supérieur du corps royal
d'état-major, et peintre de batailles. Son
zèle et ses habitudes militaires le portaient
sans cesse aux avant-postes, et c'est au milieu des tirailleurs et sous les balles algé-
riennes qu'il a esquissé plusieurs scènes de
cette campagne, qu'il nous reproduira sans
doute sur la toile. Son expérience, comme
militaire, n'a pas été inutile à plusieurs
jeunes officiers. Après lui venaient et Gu-
din et Isabey, deux jeunes gens déja vieux
de réputation dans l'art de Joseph Vernet.
Quiconque a eu des rapports avec eux doit
se rappeler et leur amabilité et leur modes-

tie; aussi s'estimait-on heureux d'avoir pu
leur rendre un service, et de leur offrir un
mauvais repas de bivouac ou un abri sous
la tente. M. Gilbert, de Brest, était aussi
du nombre des artistes qui avaient suivi l'expédition, ainsi que plusieurs autres moins
connus ou dont les noms m'échappent. L'intendant-général s'était déclaré leur protec-
teur; son goût particulier pour les arts et
une disposition naturelle à la libéralité le
portaient à s'entourer d'eux; et, grace à son
excellente table et à son établissement toujours complet, ils ont peu connu les misères
inséparables de la gloire des champs de
bataille.

Le terrain occupé par l'armée après la victoire de Staouëli, offrait plus d'espace à
l'exploitation de nos ingénieurs-géographes
et de nos amateurs de recherches en histoire naturelle et en géognosie. A Staouëli
seulement on entre véritablement en Afrique. Là d'immenses palmiers dont le fût
s'élance d'un faisceau de palmes de quinze
à vingt pieds, des massifs d'orangers, des
groupes de figuiers, et çà et là des touffes

de lauriers, donnent au pays une physionomie nouvelle. Nous le parcourions dans
tous les sens, dans l'espoir d'y trouver quelque plante remarquable, ou quelque frag-
ment de pierre rare et inconnue en Europe.
Nos recherches n'eurent pas tout le succès
que nous en attendions, et notre curiosité
n'eut d'autre aliment qu'un bois d'orangers
indiqué sur la carte du capitaine Boutin. Ce
bois, situé dans un ravin profond, donne
une ombre délicieuse; le ruisseau qui le tra-
verse est d'une limpidité remarquable, et
l'air qu'on y respire est embaumé. Là, seulement, nous commençâmes à comprendre
l'attachement des Arabes pour leur pays, car
rien en Europe ne peut être comparé à la
délicieuse sensation qu'on éprouve dans ce
lieu charmant. Ceux qui le visitaient semblaient oublier et l'ennemi qui était à peu
de distance, et l'armée et l'expédition, pour
se livrer entièrement aux plus douces rêve-
ries. Les rosiers et les fleurs qui y abondent
vous invitent à les cueillir. Un bivouac, un
factionnaire, le bruit des armes, étaient là
pour vous tirer de ces douces illusions, et

on s'éloignait en regrettant qu'un lieu dont la solitude semblait ne devoir être troublée que par les pas tremblants de deux amants, fût devenu un poste avancé où le sang pouvait couler d'un moment à l'autre.

Tout se perfectionnait à Sidi-Ferruch. Les retranchements étaient achevés et armés de vingt-quatre pièces de canon; des fours avaient été construits, et donnaient journellement aux troupes du pain bien confectionné. Les magasins de l'intendance se remplissaient, et il y avait pour vingt jours de vivres à terre. Les hôpitaux dont nous avons parlé plus haut, étaient organisés, et un nombre considérable de blessés y était traité. Des Turcs et des Bédouins y furent recueillis, et y reçurent tous les secours de l'art. Le père d'un de ces derniers ayant été pris aux avant-postes et conduit à Sidi-Ferruch, reconnut son fils auquel on donnait des soins, et parut fort attendri de notre générosité; la liberté leur fut rendue à tous, mais la terreur qu'imprimaient les Turcs aux Arabes était alors si grande, qu'on n'en obtint pas le résultat espéré. Plus de la moitié de l'armée était sous la tente; en un mot, l'éloge de l'administration était dans toutes les bouches, et on recueillait le fruit de sa prévoyance sage et éclairée. Pourquoi faut-il que tous ces soins n'aient pas duré, et que plus tard le soldat malade, justement irrité de l'abandon dans lequel il était laissé, ait accusé cette même administration? C'est qu'à côté des grandes vertus qui caractérisent nos armées, se présentent des défauts inhérents au caractère français. Quand nous avons battu l'ennemi nous croyons avoir tout fait, et nous négligeons alors les précautions nécessaires pour compléter nos succès. Nous nous montrons plus qu'insouciants sur le sort de ceux que la guerre a frappés, lors même qu'ils ont contribué à nous assurer la victoire.

Les Algériens, rassurés par notre apparente inaction, reparurent en force et harcelèrent nos avant-postes. Le général en chef s'y porta le 24, et les poussa vigoureusement jusque sur les premières hauteurs du Boud-Jareah, avec la division Berthezène, la brigade Danrémont de la deuxième division, et les deux cents chevaux du régiment de chasseurs nouvellement débarqués. Ce fut là que le jeune Amédée de Bourmont, second des fils du général en chef, reçut la blessure qui l'enleva plus tard à sa famille et à ses nombreux amis. Ce coup fut sensible à toute l'armée; chacun prit part à la douleur de M. de Bourmont, et ceux d'entre nous qui avaient été à même d'apprécier les rares qualités de cet aimable jeune homme, pleurèrent sa fin prochaine. Il rassurait ceux qui l'entouraient en leur disant : « Qui de vous, messieurs, ne voudrait « avoir ainsi payé de son sang les succès que « nous obtenons? avouez que ma blessure « est bien placée, là près du cœur. » Hélas! ce cœur si noble, si généreux, devait bientôt cesser de battre, et, à moins de vingt-cinq ans, une vie si bien commencée et pleine d'avenir devait être brisée. Heureux jeune homme! tu es mort pour fermer un instant la bouche aux implacables ennemis de ton père; ta vaillance les a désarmés un instant! Tu l'as laissé triomphant, et tu as échappé à la douleur de le voir fugitif et cherchant sur une terre étrangère un asile que lui refuse son ingrate patrie!...

M. de Bourmont avait quatre fils à l'armée. L'aîné était auprès de lui, comme capitaine-aide-de-camp, le second (Amédée) était lieutenant de grenadiers au 49ᵉ de ligne, le troisième aide-major au 3ᵉ de ligne, et le dernier sous-lieutenant au 15ᵉ. Il était impossible de n'être pas touché du dévouement de cette intéressante famille. Ces quatre jeunes gens pleins d'ardeur et de zèle pour le succès de l'expédition, semblaient rechercher les dangers pour acquérir de la gloire. Tout le monde se louait de l'obligeance et des bonnes manières de l'aîné qui, au ministère comme à l'armée, avait su se concilier l'estime générale. Le 24, au moment où le 49ᵉ recevait l'ordre d'entamer l'affaire, Amédée fit observer à son colonel que les voltigeurs donnaient sans cesse, et que les grenadiers méritaient bien qu'on leur fît le même honneur. Le colonel fit droit à sa réclamation, et ce brave jeune homme se précipita tout joyeux, à la tête de sa section, au-devant du coup qui devait lui donner la mort!... Plus tard ses dépouilles mortelles enfermées dans un cercueil de plomb furent portées en France par son frère aîné, chargé de présenter au Roi les drapeaux pris à l'ennemi; mais quand il arriva à Marseille, un autre drapeau que celui de la conquête flottait sur ses tours. Le fils aîné du vainqueur d'Alger était devenu suspect, et des ordres furent donnés à la douane pour que ce cercueil qui ne devait inspirer que respect, et qui avait droit à tant d'honneurs, fût ouvert et visité comme devant contenir de l'or et des pierreries!... Un cri général d'indignation se fit entendre alors; et si le pouvoir resté muet sembla complice de la plus honteuse profanation, l'opinion publique en fit justice et vengea cette noble et malheureuse famille.

La cavalerie ne put se déployer dans un terrain devenu montueux et coupé de ravins; les officiers de cette arme étaient au désespoir de ne pouvoir rendre aucun service. Plusieurs hommes isolés, et entre autres le fils du colonel *Amoros*, lieutenant d'artillerie, qui avait suivi l'armée pour y appliquer l'art de la gymnastique, furent massacrés par les Bédouins en traversant la plaine qui sépare le camp de Staouëli des positions où combattaient les première et deuxième divisions. Cette plaine, qui n'est couverte que de broussailles très basses et de plantes rampantes, n'offrait aucun moyen de défense contre la nombreuse cavalerie qui la parcourait en tous sens après le passage de nos colonnes.

Au moment où nos troupes, après avoir couronné le premier rideau, se disposaient à franchir le ravin qui les séparait de l'ennemi, une forte explosion se fit entendre vis-à-vis la brigade Achard, et nous vîmes des nuages de fumée et de poussière dans les airs. L'ennemi venait de mettre le feu à un magasin à poudre. Cet événement n'eut heureusement aucune suite funeste ; il était à craindre qu'en s'approchant davantage d'Alger, pareille chose ne se répétât ; on jugea à propos de s'arrêter : d'ailleurs la journée avait été pénible, et les troupes avaient besoin de repos. Le général Berthezène s'établit donc avec la brigade Poret de

Morvan, un peu à droite du chemin qui
mène à Alger, dans une maison de campagne ; sa droite était couverte par la brigade
Danrémont de la deuxième division, et sa
gauche était formée des brigades Achard et
Clouet, cette dernière laissant en arrière un
de ses régiments, le 28ᵉ, pour assurer les
communications avec l'entrée des gorges.
Le général en chef retourna à Staouëli et
y établit le quartier-général. Pendant l'affaire, les capitaines de vaisseau Villaret de
Joyeuse et Hugon vinrent nous annoncer
que la deuxième division du convoi, laissée
à Palma, était en vue, et qu'un bon vent
nous l'amenait ; cette nouvelle répandit la
joie dans l'armée, car cette division avait à
son bord tous les chevaux de l'équipage de
siége, et une bonne partie de ceux de l'administration si nécessaires pour le transport
des vivres et des blessés.

A partir de Staouëli, si l'on se dirige à
l'est dans la direction d'Alger, le sol est presque par-tout couvert de palmiers nains ; il
est inculte, mais sa nature justifie tout ce

que dit l'histoire ancienne de sa fertilité.
A six mille mètres environ du camp le
pays change d'aspect, les mouvements de
terrain deviennent plus prononcés, et on se
trouve sur le groupe des hauteurs qu'occupent Alger et ses jardins. On y voit de nombreuses habitations. Les vignes, les haies et
les arbres fruitiers dont le sol est couvert,
rappellent les contrées les plus fertiles et
les mieux cultivées de l'Europe. On devait supposer que l'ennemi se défendrait
avec vigueur derrière les nombreux obstacles que nous offrait ce pays de chicane;
mais battus et découragés, les Algériens ne
s'arrêtèrent nulle part. On traversa rapidement tous ces obstacles, et on prit position
sur la limite qui sépare ce pays fourré d'un
espace découvert.

Le colonel d'artillerie *d'Esclaibes* et le capitaine *Bonnet* de la même arme se firent
particulièrement remarquer pendant l'affaire. Ce dernier eut un cheval tué sous
lui.

Plus de quatre cents bœufs tombèrent

entre nos mains, et assurèrent l'approvisionnement de l'armée pour huit ou dix
jours.

Cette journée reçut le nom de *combat de
Sidi-Kalef*; elle nous coûta peu de monde.

CHAPITRE IV.

Positions de Chapelle et Fontaine. — Investissement d'Alger. — Travaux de siége. — Environs de la place. — Feu des batteries. — Le château de l'Empereur. — Capitulation.

Le général en chef occupa donc Staouëli avec les brigades Munck d'Uzer et Colomb d'Arcines de la deuxième division. Il envoya au duc d'Escars qui réclamait l'honneur de se porter en première ligne, l'ordre de quitter Sidi-Ferruch avec sa division, pour venir occuper la ligne de nos avant-postes qui devait être renforcée. Jusque-là cette division n'avait eu que les fatigues de la campagne sans en partager la gloire; c'était elle qui avait fortifié la presqu'île, tracé la route militaire, et élevé des redoutes qui la défendaient. Le 48ᵉ de la brigade Munck d'Uzer fut envoyé à Sidi-Ferruch pour y tenir garnison avec des compagnies tirées des équipages de la flotte. Cette concession

6

de la marine avait souffert bien des difficultés; mais enfin, après de nombreux pour-
parlers, l'amiral avait cédé aux considérations importantes qui nécessitaient ce
sacrifice de sa part. Il était effectivement
indispensable qu'il mît à notre disposition le
nombre d'hommes dont il pouvait rigou-
reusement se passer; car, en gagnant du
pays, nous nous affaiblissions tous les jours
par la nécessité de garder une quantité de
postes. Nous avions déja plus de deux mille
hommes hors de combat par le feu de l'ennemi, et les camps de Staouëli et de Sidi-
Ferruch envoyaient aux hôpitaux beaucoup
de fiévreux et d'hommes atteints de la dyssenterie; cependant l'opération importante
de la campagne, le siège d'Alger, n'était pas
encore commencée! Ce fut dans ce moment
que le général en chef se décida à demander
en France une brigade de la division de réserve établie à Toulon.

Le duc d'Escars traversa Staouëli le 25,
de très bonne heure, avec les brigades Bertier de Sauvigny et Hurel, et il prit la direction des avant-postes; il laissa le général

Hurel à moitié chemin, et alla se placer avec sa première brigade en ligne et à la gauche du général Clouet. A la nuit, le 30ᵉ de ligne releva le 28ᵉ à l'entrée des gorges, et nous eûmes à déplorer une méprise funeste; des postes du 28ᵉ croyant voir arriver l'ennemi, tirèrent sur l'avant-garde du 30ᵉ, et tuèrent quinze à dix-huit hommes. La chaleur avait été si excessive pendant la journée, que ce régiment perdit du monde, dans le trajet de Sidi-Ferruch, aux positions où il s'arrêta; le chirurgien-major entre autres tomba mort sur la route.

La troisième brigade du duc d'Escars, aux ordres du général Montlivault, qui s'était arrêtée à Staouëli pour rafraîchir, se mit en route dans la soirée, pour occuper la *Maison Carrée* et tous les points militaires compris entre Staouëli et la position de Chapelle et Fontaine; de cette sorte, le général Hurel rendu disponible alla prendre son rang de bataille à la gauche du général Bertier.

Au 25 juin, l'armée était donc ainsi disposée :

A *Sidi-Ferruch*, le 48ᵉ et quinze cents

6.

marins des équipages de ligne, pour garder les ambulances et les approvisionnements de toute espèce qui s'y trouvaient.

A *Staouëli*, le quartier-général, le 15e de ligne, et la brigade Colomb d'Arcines.

Sur les hauteurs de *Chapelle* et *Fontaine*, vis-à-vis l'ennemi, la brigade Danrémont à l'extrême droite, la première division au centre, et deux brigades de la troisième à la gauche.

A la *Maison Carrée* et dans les redoutes intermédiaires entre Staouëli et les avant-postes, la brigade Montlivault de la troisième division.

Les Arabes garnissaient toutes les collines qui dominent la plaine entre Staouëli et les premières hauteurs du Boud-Jareah; on hâta les travaux des redoutes qui avaient été tracées de mille mètres en mille mètres, pour assurer la communication, et les troupes exécutèrent ces travaux avec leur zèle accoutumé.

Les officiers d'état-major ne pouvaient plus marcher isolément; ils prenaient des escortes toutes les fois qu'ils étaient envoyés en mission, et les Arabes les suivaient à peu de distance, pour tomber à l'improviste sur les traîneurs.

Le 26, les premières pièces de siége arrivèrent à Staouëli, et deux jours après, un parc composé de quinze bouches à feu de 12 et de 16, avec un approvisionnement complet, s'y trouvait rassemblé. Le génie y avait aussi une bonne partie de ses outils, des sacs à terre et des fascines.

Des convois de blessés, arrivant fréquemment des avant-postes, indiquaient que l'ennemi tenait avec opiniâtreté dans ses positions, et que les combats journaliers étaient meurtriers. La journée du 26 avait coûté, à la troisième division seulement, six officiers blessés et cent soixante-deux hommes mis hors de combat. Le 27, cette même division avait eu un officier d'état-major tué, sept officiers et cent soixante-sept hommes tués ou blessés. Le commandant *Borne*, premier aide-de-camp du duc d'Escars, eut l'épaule emportée par un boulet de vingt-quatre ; il ne survécut que peu de jours à sa blessure. Cet officier, nommé jeune encore chef de bataillon en 1823 pour avoir sondé sous le feu de l'ennemi le canal du Trocadéro, était généralement estimé. La famille royale lui portait un vif intérêt, et la mort vint le frapper au milieu d'une carrière brillante qu'il était digne de parcourir. Il fut regretté de tout le monde; il était à-la-fois brave, instruit, et très modeste. A la première division, un bataillon d'infanterie légère avait été surpris par l'ennemi et avait beaucoup souffert; enfin la perte des première et troisième divisions, depuis qu'elles occupaient cette position, pouvait s'élever à près de huit ou neuf cents hommes.

Dans un de ces combats journaliers livrés par la troisième division qui soutenait alors presque à elle seule tous les efforts des Algériens, les ouvrages qui couvraient nos avant-postes furent pris et repris. Un corps considérable de Turcs était parvenu à couronner nos épaulements et à y planter ses étendards; déja les tirailleurs d'un bataillon du 35e et de six compagnies d'infanterie légère, chargés de la défense de ces ouvrages, se reployaient, lorsque le brave capitaine de voltigeurs

Pont-de-Gault du 35ᵉ, à la tête de la réserve, se fit jour à la baïonnette, chassa l'ennemi, après en avoir fait un grand carnage.

Le petit bois de l'extrême gauche et la maison crénelée furent le théâtre de continuelles attaques. M. le duc d'Escars s'y montra constamment, et y donna de nombreuses preuves d'un courage froid et tranquille.

Je ne crois pouvoir mieux faire son éloge qu'en laissant parler un des officiers de sa division [1] : « Le lieutenant-général duc d'Es- « cars s'acquit de nouveaux titres à la con- « fiance de l'armée. Quand on le vit, où le « péril était le plus grand, donner l'exemple » de la plus belle bravoure et les ordres les « plus sages, ménager la vie du soldat et ex- « poser la sienne, pleine et entière justice « fut rendue. L'on ne s'aperçut qu'il était « homme de cour et grand seigneur qu'à son « excessive politesse ; et sa division recon- « naissante n'a pas oublié que le premier « soin, après la victoire du général qui avait

---

[1] M. Théodore de Quatrebarbes (*Souvenirs de la Campagne d'Afrique*).

« partagé tous ses dangers, fut d'établir un
« hôpital pour ses blessés et ses malades, tan-
« dis que ceux des autres divisions bivoua-
« quaient encore sous la tente. »

Le 28, le général en chef se croyant en
mesure de faire l'investissement d'Alger,
dont nous n'étions plus qu'à une lieue et
demie, quitta Staouëli dans l'après-midi. Le
général Loverdo suivit son mouvement dans
la soirée avec la brigade d'Arcines, et il laissa
au camp le 15ᵉ de ligne. M. de Bourmont se
porta à la maison où était le quartier-général de la troisième division, pour observer
l'ennemi de la terrasse qui la dominait, et se
concerter avec M. le duc d'Escars relativement à l'attaque du lendemain. L'ordre fut
donné à toute l'armée d'être sur pied de très
bonne heure.

Le 29, à trois heures du matin, l'armée se
mit en mouvement sur trois colonnes marchant de front. L'aile droite était aux ordres
du général Loverdo, n'ayant que deux brigades. Au centre était la division Berthezène,
et la division d'Escars formait l'aile gauche.
On marcha en bon ordre et en silence, et,

au grand étonnement de tout le monde, le rideau, occupé la veille par les Algériens sur la droite, était évacué. Les batteries dont le feu nous avait si fort incommodés les jours précédents étaient détruites, et les pièces renversées dans les chemins creux. La troisième division seulement fut engagée, et chassa l'ennemi de positions en positions. Malgré les difficultés du terrain, les Turcs furent culbutés; leurs tentes et leurs batteries tombèrent en notre pouvoir. Après un moment de halte pour rétablir l'ordre dans les colonnes, nos voltigeurs gravirent avec une nouvelle ardeur une hauteur escarpée où l'ennemi s'était retranché, et les bataillons des 1er et 9e d'infanterie légère de la brigade Bertier de Sauvigny volèrent au secours du 21e, qui était fortement engagé. Les Turcs surpris dans leurs maisons, et poussés par leur fanatisme religieux, égorgèrent leurs femmes et leurs enfants plutôt que de les voir tomber entre nos mains. Rien ne put arrêter l'élan de nos soldats; et malgré les haies d'aloès et de nopals qui déchiraient leur chaussure, les ravins furent franchis, et à six heures la troisième division couronnait les hauteurs du Boud-Jareah.

Sur la droite, le peu de connaissance que l'on avait du pays rendit la marche incertaine. On cherchait depuis long-temps le château de l'Empereur, et on ne pouvait le découvrir; cependant nous avions à notre gauche les hauteurs du Boud-Jareah, et la partie rentrante de la baie se développait à notre droite. Dans cet endroit, le pays est coupé par des vallées d'une grande profondeur; leurs pentes sont très rapides et d'un accès difficile par la quantité de jardins et de haies qui les couvrent. Nos colonnes arrivaient sur les sommets, et étaient obligées de descendre à une grande profondeur, pour reparaître à une très petite distance sur la hauteur opposée. Il s'ensuivit de l'indécision dans la marche et presque du désordre. L'artillerie sur-tout éprouva de grandes difficultés : sans son nouveau matériel, elle ne serait jamais parvenue à les vaincre. Enfin, après bien des marches et des contre-marches, on vit le château de l'Empereur, et son canon nous salua. Le duc d'Escars fit un

mouvement sur la droite, et le général Berthezène occupa le point culminant du Boud-
Jareah. Là se passèrent des scènes attendrissantes. Plusieurs centaines de Juifs avec
leurs familles étaient réunis dans un champ.
Ces malheureux, agenouillés et pressés les
uns contre les autres, poussaient des cris
affreux et psalmodiaient des prières, en levant les mains au ciel. Ils croyaient tous que
leur dernière heure était arrivée. Nous eûmes beaucoup de peine à les rassurer; et
quand ils virent que nous ne leur voulions
aucun mal, ils se prosternèrent à nos pieds,
et nous ne parvînmes que très difficilement
à nous débarrasser d'eux. Plusieurs d'entre
eux avaient été tués par nos tirailleurs en
fuyant leurs maisons; la distance et la res-
semblance de leur costume avec celui des
Algériens avaient été cause de ces malheurs.
Nos officiers de santé donnèrent des soins
à ceux qui n'étaient que blessés. Au nombre
des morts, nous eûmes la douleur de voir
plusieurs femmes et des enfants.

Un drapeau et cinq pièces de canon tombèrent en notre pouvoir.

M. le duc d'Escars recommanda au général en chef, comme s'étant particulièrement distingués dans les journées des 26, 27, 28 et 29 juin, MM. le lieutenant-colonel *Baraguey-d'Hilliers*, du 1er léger, les capitaines *Brusley*, *Susini* et *Lelut*, les sous-lieutenants *de Queilhe*, *de Moroques*, *Gré*, et le sergent *Bazin*, tous des 1er et 9e légers;

Le chef de bataillon *Ballon*, les capitaines de voltigeurs *Pelissier* et *de Pont-de-Gault*, le capitaine *Godard*, le lieutenant *Massoui* et les sous-lieutenants *Foltz* et *Denner* du 35e;

Les capitaines *Pelegry*, *Pourilhon* et *Vidal*, les lieutenants *Boudet* et *de Maleyssie*, le sergent-major *Rebuffat*, le sergent *Bardou*, et le caporal *Chaix* qui avait enlevé un drapeau, tous du 17e;

Les capitaines *de la Chapelle*, *d'Autun* et *Bourgeois*, le lieutenant *Robbe*, le sous-lieutenant *de Lastic*, et le sergent-major *Brunet*, du 30e.

Le deuxième bataillon du 49e, aux ordres du commandant *Apehiée*, formant l'avant-garde de la deuxième division, et une batterie commandée par le capitaine *Lami*, s'avancèrent jusqu'à portée de mitraille du fort de l'Empereur, et restèrent exposés à son feu pendant quatre heures. Ces deux officiers, isolés du reste de l'armée, profitèrent habilement de la forme du terrain pour mettre leur troupe à l'abri du feu de la place, et furent constamment en mesure de repousser une sortie de la garnison.

Le général Loverdo, après une marche des plus pénibles, occupa le chemin de Constantine ; le duc d'Escars se logea dans les jardins qui sont à droite, et le général en chef resta une partie de la matinée sur le Boud-Jareah pour étudier la place et prendre ses dispositions d'attaque.

Alger nous apparaît enfin dans toute sa grandeur ! Nous voyons ses minarets, ses murailles blanches, son port, ses batteries formidables... ce fort de l'Empereur, dont le nom a été si souvent prononcé par nos soldats depuis l'ouverture de la campagne... Par-tout il y a du monde, et on est disposé à la défense. Des acclamations se font entendre alors sur toute la ligne, et l'armée salue de ses cris de victoire les remparts de cette ville orgueilleuse qui bientôt va s'humilier devant l'étendard, naguère l'objet de ses insultes. Un fort rassemblement de troupes se trouve entre la ville et le fort de l'Empereur; il paraît disposé à se porter sur le point menacé.

Le rivage du côté de la porte de Bab-Azoun est couvert de gens qui évacuent la ville avec leurs familles et tout ce qu'ils possèdent. Plusieurs maisons de campagne portent des pavillons, ce sont les habitations d'été des consuls européens. Deux d'entre eux arrivent et demandent à parler au général en chef. Ils viennent, au nom de tous les consuls, offrir leurs services à l'armée française, et annoncent qu'ils sont réunis au Consulat d'Amérique. Cette démarche est considérée par tout le monde comme d'un bon augure pour l'issue de la campagne; elle prouve que la cause du Dey est perdue dans l'esprit des agents des différentes puissances de l'Europe.

Ils nous apprirent aussi « que le Dey « n'avait pas voulu s'opposer à notre débar-

«quement, dans la persuasion où il était
«qu'il lui serait facile de nous jeter à la
«mer; que le 14, l'ennemi avait perdu trois
«cents hommes; que le 19, nous avions été
«attaqués par quarante-cinq à cinquante
«mille hommes, et que le lendemain trente
«mille avaient disparu soit par le fait de la
«bataille, soit par la désertion; qu'il y eut
«dans Alger une grande confusion quand
«on apprit l'issue du combat par l'Aga des
«janissaires qui vint précipitamment sup-
«plier le Dey de faire des propositions; qu'il
«fut alors disgracié et remplacé par le Bey
«de Tittery; que s'il nous eût été possible de
«poursuivre notre mouvement offensif après
«l'engagement, Alger se serait soumis, l'a-
«larme et le découragement y étant à leur
«comble. »

Le général en chef, après avoir reçu cette
communication, laissa la brigade Achard
sur ce point important, avec ordre d'étendre ses postes vers la mer. Il se porta au
centre des opérations, et établit son quar-
tier-général¹ dans une maison de campagne

¹ Voir le *Plan des travaux de siège.*

qui touche à la route, et distante à-peu-près de douze cents mètres du fort de l'Empereur.

Le général Valazé s'occupa de reconnaître le point[1] où l'on pourrait ouvrir la tranchée dans la nuit suivante, et il fut décidé qu'on travaillerait immédiatement à six batteries destinées à faire feu sur le château de l'Empereur. Les maisons (*a* et *b*) situées sur le plateau le plus rapproché furent occupées à l'entrée de la nuit par des compagnies d'élite, et on travailla immédiatement à les créneler.

Le fort de l'Empereur (en arabe *Soltan Calassi*) est construit sur l'endroit où campa Charles-Quint, lors de son expédition en 1541. Quoique ce point soit dominé du côté opposé à la place, il commande au nord et à l'est la place et les mamelons qui vont en s'abaissant jusqu'à la mer. Il semble plutôt bâti pour réduire la ville en cendres en cas de révolte, que pour la défendre. Sa forme est un carré long. Ses murailles qui ont près-

[1] Voir le *Plan des travaux de siège.*

que par-tout quarante pieds d'élévation et dix pieds d'épaisseur, ne sont pas protégées par un fossé. Un retranchement en maçonnerie, formant réduit, protège le côté ouest. Une tour ronde s'élève au centre de la plate-forme et domine le tout. Il était alors armé de cent vingt bouches à feu. Les Algériens auraient dû porter tous leurs moyens de défense sur le rideau qui domine ce fort, et dont nous nous emparâmes le jour de l'investissement, ainsi que sur les hauteurs du Boud-Jareah qui commandent le pays environnant Alger; mais ils apportèrent dans la défense de leur capitale la même ignorance des principes de la guerre que durant la campagne, et ils ne surent jamais que se faire tuer bravement.

Dans la nuit du 29 au 30 juin, la tranchée fut donc ouverte à environ six cents mètres du fort. Les fatigues de la journée ne permirent pas de disposer de plus de trois bataillons pour ce service; mais les jours suivants deux bataillons étaient commandés de travail, et cinq autres pour protéger les travaux. Ces derniers étaient relevés toutes

les vingt-quatre heures, et les travailleurs
toutes les douze heures. Les maisons *a* et *b*
furent crénelées et liées entre elles par des
boyaux.

L'investissement de la place n'était pas
complet; la communication de la ville avec
le chemin de Constantine et celui qui borde
la baie était libre. L'ennemi avait un fort
rassemblement de cavalerie sur le bord de
la mer, près des réservoirs; ces troupes semblaient postées là pour protéger le départ de
ceux des habitants qui ne voulaient pas s'ex-
poser à toutes les chances désastreuses d'un
siége. La garnison pouvait aussi recevoir par
ce moyen et des troupes fraîches et des munitions de toute espèce; il était donc nécessaire de s'étendre de ce côté jusqu'à la mer.
A cet effet, le général Desprez, chef de l'état-
major-général de l'armée, fut envoyé le 30
au matin avec deux petits bataillons d'infanterie légère et deux obusiers de montagne, pour pousser une reconnaissance à
fond dans la direction du chemin de Constantine. Il déboucha par le Consulat de
Suède, sous le feu du fort de l'Empereur,

dont il n'était pas à plus de six à sept cents mètres, et parvint après une marche très pénible à couronner les hauteurs qui dominent la superbe maison de campagne de l'Aga des janissaires ; le fort de Bab-Azoun et les batteries de la baie lui envoyèrent des bordées. Leurs murs de clôture avaient été percés, afin de pouvoir se servir contre nous de l'artillerie qui d'abord n'était destinée qu'à armer les embrasures tournées du côté de la mer. Après avoir donné un moment de repos à sa colonne, le général Desprez, qui avait eu le temps de bien étudier cette partie des environs de la place, battit en retraite en bon ordre, et maintint à bonne distance les Algériens qui voulaient le suivre.

On renonça dès-lors à faire un investissement complet ; il nous aurait fallu pour y parvenir sept ou huit mille hommes de plus, et déja l'armée était trop faible sur plusieurs points, car elle n'avait devant Alger que trente bataillons. La porte de Bab-Azoun resta donc libre, et toute l'attention se porta sur le fort de l'Empereur. Personne ne doutait qu'une fois ce rempart d'Alger réduit, la ville ne tarderait point à se rendre.

Au jour on était établi sur un développement de près de mille mètres; le point de la tranchée le plus rapproché du fort (c) avait fixé l'attention de l'ennemi, on fut obligé de l'évacuer pendant quelques heures pour donner le temps aux tirailleurs de rendre leur logement tenable. Ce fut là que M. Chambaud, chef de bataillon du génie de service dans la tranchée, fut blessé à mort par un biscaïen. Cet officier était très estimé, et le général Valazé en faisait le plus grand cas. La garnison voyant dans ce mouvement de retraite un commencement de fuite, fit une sortie, mais elle fut repoussée avec vigueur par les compagnies de garde, et un bataillon du 49ᵉ chassa à la baïonnette les Turcs qui étaient parvenus à s'emparer du Consulat de Suéde.

Le feu de la place nous faisait éprouver des pertes considérables; on pressa les travaux pour démasquer le plus tôt possible les

batteries. Elles étaient au nombre de six;
savoir [1]:

La Batterie d'Henri-IV, de quatre obusiers
de 24, au Consulat de Suède;

La Batterie du Duc de Bordeaux, de deux
obusiers de 8, à droite de la route;

La Batterie du Roi, de six pièces de 24, à
droite, et plus près de la route;

La Batterie Dauphin, de quatre pièces de
24, à gauche de la route;

La Batterie Duquesne, de quatre mortiers de 10 pouces, plus à gauche;

La Batterie Saint-Louis, de six pièces de 16,
à l'extrême gauche.

Cette dernière batterie, destinée à prendre
en enfilade la face du fort qui devait être
battue en brèche, eut beaucoup à souffrir
par sa position rapprochée de la place. Tous
les efforts des assiégés tendaient à en dé-
truire les travaux; mais le capitaine *Mo-
quard* chargé de sa construction, homme
de tête et d'une expérience consommée, sut
la préserver par ses bonnes dispositions. Un

---

[1] Voir le *Plan*, à la fin de l'ouvrage.

jeune officier d'infanterie faillit tout compromettre par sa fougue et sa légèreté ; en-
nuyé de recevoir des balles et de rester em-
busqué avec ses hommes pour protéger les
travaux des canonniers, il monta tout-à-coup
sur le parapet, et se précipita au-devant de
l'ennemi qui faisait mine de s'approcher, en
criant : « A moi, mes amis, chassons cette
canaille ! » Il fut accueilli par une fusillade
des plus vives qui partait de toutes les haies
environnantes, et revint en désordre avec
son monde, après en avoir perdu une partie.
Cette retraite précipitée fit suspendre les
travaux, et les canonniers prirent les armes.
Leur bonne contenance arrêta l'ennemi qui
se contenta alors de nous combattre à coups
de pierres. Nous ne sûmes comment expli-
quer un pareil procédé, car nous avions
prouvé aux Algériens, toutes les fois que des
rencontres avaient eu lieu, que nous mé-
ritions d'être traités plus militairement.
M. Vaillant, chef de bataillon du génie, qui
avait remplacé M. Chambaud, fut lui-même
atteint d'un biscaïen à la jambe, et mis hors
de combat.

Dans la même matinée (1ᵉʳ juillet), une forte canonnade se fit entendre du côté de la mer; le bruit se répandit aussitôt dans l'armée que la flotte venait faire une forte diversion pour fixer l'attention du Dey. Toutes les terrasses des maisons de campagne, et les points élevés du pays, furent couverts de curieux, qui jouirent pendant une heure et demie d'un spectacle remarquable. L'escadre de bataille était sous voile, et tous les bâtiments qui la composaient passaient successivement devant les forts de la côte, lâchaient leur bordée de tribord, et regagnaient la pleine mer quand ils les avaient dépassés, afin d'éviter les feux redoutables des batteries du môle. C'est dans le prolongement d'une des vallées qui environnent la ville, et dans un encadrement formé par les hauteurs sur lesquelles l'armée était campée, que cette scène se passait pour nous, et nous donnait un spectacle digne d'intérêt; il nous rappelait les exercices de la marine dans la rade de Toulon, lorsque les bâtiments essayaient la portée de leur artillerie; car ici, comme en France, la mer engloutissait tous

les boulets; et à l'exception d'un très petit
nombre, aucun n'arrivait à sa destination.
Il faut croire que le vent ou le peu de
fond ne permirent pas à la flotte de s'approcher davantage. Elle recommença deux
jours après, mais son feu ne fut pas plus funeste à l'ennemi; car nous avons vu depuis
les batteries qu'elle canonnait, et nous n'y
avons compté que douze ou quinze boulets.
Un accident fâcheux eut lieu à bord du vaisseau amiral; un des canons creva, et mit
hors de combat les hommes qui le servaient.
Ce furent heureusement les seuls hommes
que la marine eut à regretter dans ces deux
journées, où ses manœuvres durent produire
un grand effet moral sur les Algériens.

Le 3 les travaux étaient presque achevés;
un chemin avait été pratiqué sur le versant
du rideau opposé à l'ennemi pour le transport de l'artillerie de siége, et on y travaillait sans relâche. L'ardeur des troupes était
extrême, car journellement nous perdions
de deux à trois cents hommes, malgré tous
les soins qu'on avait mis à abriter les gardes

et les postes de tranchée. Nous eûmes à regretter plusieurs bons officiers.

Le général en chef visitait tous les jours
les travaux, et sa présence encourageait le
soldat à supporter plus gaiement la fatigue et le péril. A mesure que nos ouvrages avançaient, le feu du fort se ralentis-
sait, et l'ennemi semblait réserver tous ses
moyens pour le moment décisif. La nuit
seulement il nous lançait des bombes qui
presque toutes éclataient en l'air ; elles
étaient toujours précédées de malédictions
tirées du Coran, et de cris qui semblaient
un dernier présage de mort.

Le pays qui environne Alger est des plus
pittoresques ; les mouvements de terrain y
sont grands sans être heurtés. La végéta-
tion y est superbe, et par-tout des sources
et des courants d'eau y fécondent la terre.
Les fruits y sont en abondance, et le mélange des arbres qui les portent avec ceux
qui sont propres à ce climat, comme le palmier, l'aloès et la raquette, y produit le
meilleur effet. Les Algériens aisés habitent

beaucoup la campagne; leurs maisons ne
manquent pas d'une certaine élégance, et
plusieurs même sont construites avec luxe;
les voûtes mauresques y sont en grand nombre, des treilles abritent presque toutes les
cours, et des terrasses où l'on va respirer l'air
du soir terminent toutes les habitations. De
tout temps les consuls européens avaient
semblé fuir la ville pour venir habiter ses
environs. Tous ont des maisons de campagne, où la recherche et le *comfortable* de notre
civilisation se trouvent unis au goût du pays;
ce sont en général des habitations fort agréa-
bles. Nous avons remarqué entre autres le
Consulat de Suède dont nous nous sommes
emparés le jour de l'investissement, comme
d'un poste avancé essentiel à occuper pendant la durée du siège. L'ameublement, la
distribution intérieure, la décoration des ap-
partements, y étaient un mélange des habitudes orientales et du goût européen; et ce
mélange y produisait le meilleur effet. Le
jardin était dessiné à l'anglaise; les allées y
étaient bien tenues et sablées; enfin si les
boulets du fort de l'Empereur n'étaient ve-

nus mettre un peu de désordre dans tout
cela, et nous rappeler l'Afrique, nous nous
serions crus dans une des jolies maisons de
campagne des environs de Paris, ou des côtes
de la Provence. Nos soldats y trouvèrent une
quantité considérable de *Moniteurs* et autres journaux, dont ils firent des feux de
bivouacs.

La position de ce Consulat est remarquable; il est bâti sur un rocher qui est à pic
du côté qui regarde la mer; une belle terrasse plantée le couronne de ce côté, et on
y jouit de la plus belle vue du monde. La
vallée qui entoure ce rocher de trois côtés
est parsemée de maisons et de jardins. Leur
blancheur éblouissante contraste avec quelques ruines auxquelles le temps a donné son
empreinte, et dont les briques ont conservé
leur couleur première. Là on se croirait vraiment dans les plus belles parties de l'Italie;
ce sont des aqueducs, des monuments en
ruine, de belles masses d'arbres, un ciel d'un
bleu pur, et des ombres prononcées, comme
on ne les voit que dans les contrées méridio-
nales. Tout ce beau pays présentait alors

l'image de la guerre; les maisons étaient
abandonnées; les échos des vallées ne répé-
taient que le bruit du canon; les jardins
envahis par nos troupes étaient couvertis en
bivouacs, et le boulet sillonnait leurs plates-
bandes. Le palmier, cet arbre si beau dont
la tête altière se balance mollement dans les
airs, et dont les branches semblent toujours protéger quelque ruine contre les in-
jures du temps, le palmier, dis-je, était
frappé de mort. Les eaux que les Algériens
savent si bien ménager et dont ils tirent tant
de parti, étaient détournées de leur cours
par nos soldats qui, sans s'inquiéter de ce
que deviendraient leurs voisins, faisaient
une saignée à un conduit souterrain pour
remplir leurs bidons; et on vit souvent plusieurs régiments manquer de cet objet de
première nécessité, parcequ'un cavalier avait
brisé ce même conduit pour y faire boire son
cheval.

Le 4 juillet, à la première lueur du jour,
une fusée partie du quartier-général donna
le signal, et les batteries furent démas-
quées; la canonnade la plus vive com-

mença sur toute notre ligne, et le fort de l'Empereur qui depuis quatre jours ne cessait de tirer, riposta vigoureusement. Les Algériens avaient garni de sacs de laine les merlons qui séparent les embrasures, et ils en espéraient une bonne protection; mais les feux croisés de nos batteries renversèrent promptement cette faible défense, et l'épaulement en maçonnerie s'écroula en plusieurs endroits. C'est alors que nous pûmes juger du courage de ces braves gens qui méritaient un meilleur sort; nos boulets en faisaient un carnage épouvantable; les mêmes canonniers ne tiraient pas deux coups, ils étaient enlevés et remplacés immédiatement par d'autres qui venaient avec empressement à une mort certaine. Nos officiers d'artillerie pointaient eux-mêmes les pièces, et toute l'armée admira le sang-froid du colonel d'Esclaibes qui resta pendant tout le feu dans une des batteries de vingt-quatre pour donner des leçons d'adresse aux pointeurs. Ce brave et digne officier, qui joint à l'expérience de la guerre et aux connaissances approfondies de son arme, des talents qui rendent sa société si agréable; qui, par son caractère doux et conciliant, s'était fait aimer de tout le monde, vient de perdre son régiment; ses longs services n'ont pu trouver grace auprès des réformateurs du jour, et sa qualité d'ancien officier de la garde royale a été pour lui un titre de proscription. Puissent les regrets de ses camarades de l'armée d'Afrique, dont nous nous faisons ici l'organe, arriver jusqu'à lui, et le consoler un instant des injustices du jour!

Le feu du fort diminuait sensiblement; une grande confusion y régnait; les batteries jonchées de cadavres étaient presque désertes, quelques pièces seulement tiraient encore. Vers neuf heures on vit quelques hommes s'évader au moyen d'une corde suspendue en dehors de la muraille; peu de temps après les débris de la garnison sortirent précipitamment, et une explosion épouvantable se fit entendre; l'air fut obscurci pendant quelques instants par un nuage noirâtre, et la terre fut couverte au loin de poussière et de fragments de pierres. Nos soldats étonnés d'abord se précipitèrent bientôt hors de la tranchée. Trois compagnies du 35ᶜ, conduites par le général Hurel, entrèrent dans le fort au pas de course par la brèche et en prirent possession. Elles furent suivies immédiatement des généraux Lahitte et Valazé qui animaient par leur exemple les troupes sous leurs ordres : là tout offrait le spectacle de la dévastation et l'image du chaos. La laine qui avait été apportée en grande quantité était jetée au loin ; elle couvrait jusqu'à une grande distance et la terre et les arbres. La face nord-ouest était entièrement écroulée, ainsi que la plate-forme et la tour, et les murailles restées debout étaient sillonnées par de larges fentes ; on y distinguait, au milieu des débris de toute espèce, les membres des malheureux qui n'avaient pu fuir assez tôt le sol qui devait les engloutir. Un de nos braves, impatient de voir le drapeau blanc flotter sur ces remparts détruits, ôta sa chemise et la plaça à l'extrémité du tronc brisé d'un dattier qui s'élevait dans l'intérieur du fort, et qui par sa position élevée servait de signal aux bâtiments qui voulaient entrer dans le port. L'armée vit donc en signal de victoire flotter spontanément sur les ruines du principal boulevard de la piraterie, un pavillon français d'une forme nouvelle attestant le courage et l'intrépidité des enfants de la France.

Nous crûmes d'abord qu'une de nos bombes tombées sur le magasin à poudre avait causé l'explosion ; mais l'on sut plus tard que les Turcs, réduits à la dernière extrémité, y avaient mis eux-mêmes le feu, dans l'espoir d'écraser les Français sous les ruines.

Tandis que nos troupes victorieuses prenaient possession du fort de l'Empereur, plusieurs milliers d'Arabes menaçaient les bivouacs de la troisième division. Le général Montlivault chargea le brave colonel *de Roucy* de les dissiper, ce qu'il fit à la tête de quatre compagnies de son régiment et des voltigeurs du 35e.

Immédiatement après la prise du fort, l'artillerie et le génie s'occupèrent de le mettre à l'abri d'une surprise ; des gabions et des sacs à terre y furent portés à la hâte pour y faire un logement, et la brèche fut rendue impraticable.

Une compagnie de grenadiers emportée par trop d'ardeur, descendit jusque vers le fort Bab-Azoun; mais n'ayant aucuns moyens d'en enfoncer la porte, elle fut obligée de battre en retraite, et elle perdit du monde dans ce mouvement rétrograde.

Au moment où le général en chef arrivait, le premier secrétaire du Dey, *Sidi Mustapha Kasbadji*, se présentait en parlementaire à nos avant-postes; il venait demander les conditions de la capitulation, et offrait de la part de son maître de payer au Roi de France les frais de la guerre, et de rendre au commerce français tous ses anciens priviléges. Au moment où il exposait l'objet de sa mission, un boulet siffla à ses oreilles et le fit tressaillir; sur l'observation qu'il fit que les hostilités devaient être suspendues, le général Lahitte lui répondit plaisamment: « Parbleu, monsieur, cela ne « vous regarde pas, ce n'est pas sur vous « qu'on tire. » Ses propositions furent rejetées, et lorsque M. de Bourmont congédia Mustapha, il lui répéta que, maître de toutes les positions, il pouvait en un instant et à sa

8

volonté foudroyer la ville et la Cassauba, que toutefois il voulait bien accorder la vie sauve au Dey et à ses Turcs, mais qu'il devait se rendre à discrétion, et remettre sur-le-champ à l'armée française les portes de la ville et des forts extérieurs.

Cependant à Alger tout était dans la confusion; le divan était assemblé, et attendait avec anxiété les conditions qu'il plairait au vainqueur de lui imposer. La population poussait des cris de désespoir, et s'attendait, suivant la coutume des Musulmans, à être passée par les armes. Le Dey, dans un moment de désespoir, s'était saisi d'un pistolet, et se dirigeait vers le magasin à poudre de son palais, qui contenait deux cent trente milliers de poudre, pour se faire sauter lui et tous les siens, lorsqu'il en fut empêché par sa famille qui lui fit espérer dans la clémence des vainqueurs. A deux heures arrivèrent deux nouveaux parlementaires. L'un d'eux était *Hamed Boudarba*[1], Maure très

---

[1] Il a été envoyé à Paris au mois de février dernier, par ses concitoyens, pour plaider leur cause, et prier

influent à Alger; tous deux parlaient très bien français, et ils expliquèrent avec beaucoup d'adresse les prétentions du Dey. M. de Bourmont confirma de nouveau ce qu'il avait dit à Mustapha, et il ajouta que le Dey pouvait, sans crainte, s'en remettre au Roi de France du soin d'assurer honorablement son avenir.

Pendant ce temps, le commandant de la flotte algérienne s'était rendu à bord de *la Provence*, pour solliciter une suspension d'armes; mais l'amiral Duperré avait répondu que tant que le drapeau blanc ne flotterait pas sur les tours d'Alger, il la considèrerait comme en état de guerre. De nombreuses embarcations sortaient du port, et se dirigeaient vers le cap Matifou, et le rivage était couvert de familles emportant avec elles tout ce qu'elles possédaient, et se dirigeant vers l'intérieur du pays.

A deux heures, Sidi Mustapha et Hamed Boudarba reparurent; ils étaient accompa-

instamment le Gouvernement de ne pas remettre Alger sous la domination de la Porte.

gnés du consul anglais qui était chargé par le Dey d'intervenir en sa faveur pour obtenir des conditions moins sévères. Ils furent reçus dans un champ voisin du fort, à gauche de la route, et les articles de la capitulation furent dressés en présence des principaux chefs de l'armée, et le général Desprez tenant la plume. En voici les bases, telles qu'elles furent posées :

« L'armée occupera la ville et la Cassauba, « et généralement toutes les possessions de la « Régence, le 5, à neuf heures du matin.

« La religion et les coutumes seront res- « pectées.

« L'entrée des mosquées sera interdite à « tous ceux de l'armée.

« Le Dey et les Turcs quitteront Alger « dans le plus bref délai.

« On leur garantit la conservation de leurs « richesses personnelles.

« Ils seront libres de choisir le lieu de leur « retraite. »

Pendant ce temps, le général Valazé profitait de la suspension d'armes pour s'approcher de la place; et dans la nuit suivante, on exécuta des travaux qui nous mettaient à même de cheminer à couvert jusqu'à peu de distance de la Cassauba, dans le cas où les négociations auraient été rompues.

La joie était dans l'armée; on se félicitait, on s'embrassait : Alger! cette ville imprenable, ce rempart de l'islamisme! Alger! la ville sainte parmi les croyants, la ville pure de toute profanation! *Alger la guerrière* allait tomber en notre pouvoir, et dans peu d'heures le noble drapeau de France allait y remplacer l'étendard musulman! Ah! que nous étions fiers d'acquérir une si belle gloire à cette France tant aimée, et que nous étions heureux d'avoir fait plus que l'Angleterre, notre éternelle rivale!

Il y avait vraiment bien de quoi enivrer de bonheur en songeant aux résultats immenses que cette conquête allait avoir pour la France et pour les états de l'Europe que nous venions d'affranchir des tributs honteux qu'ils payaient à ces audacieux forbans. Nos regards se portèrent aussi, dans ce moment solennel, sur notre Roi; cette guerre avait toujours été sa pensée favorite, et son ame pieuse s'en était fait un devoir comme un des plus grands services qu'on pût rendre à la chrétienté. Nous pensions à la joie qu'il allait en ressentir; hélas! . . . .

. . . .

. . . .

CHAPITRE V.

Entrée dans Alger. — La Cassauba. — Le trésor de la
Régence.—Établissements publics.—Désarmement des
janissaires.—Visite du Dey au général en chef.—Son
départ pour Naples. — Organisation des différents
services.

Le 5 juillet au matin, tout se disposa dans
l'armée au grand événement de la journée.
Les corps qui devaient former l'avant-garde
eurent ordre de se mettre en grande tenue;
à midi les portes devaient être occupées.
La joie était si générale, l'empressement
était tel chez tout le monde pour connaître
cette ville étonnante, qu'on négligea les
précautions usitées en pareil cas, et qu'on
s'engagea dans un chemin très étroit et en-
caissé, le seul qu'on eût reconnu. Aux approches de la ville, le terrain est couvert
d'aloès tellement épais qu'il fut très difficile de les franchir, malgré le secours des
sapeurs du génie qui cherchaient à frayer

plusieurs passages. L'impossibilité de déployer un bataillon, et l'encombrement du chemin par les parcs de réserve et de siége qui, indépendamment des batteries de campagne, avaient été mis en mouvement par un malentendu, occasionèrent un peu de désordre et d'hésitation, et le 6ᵉ de ligne, qui devait marcher en tête de colonne, se fit attendre. Si le terrain avait été reconnu à l'avance, et si les ordres eussent été donnés avec plus de clarté et de précision pour la mise en mouvement des troupes, on aurait évité cet inconvénient, qui ôta à notre prise de possession toute la solennité qu'elle devait avoir.

Le général Lahitte qui s'était mis à la tête de l'artillerie, ignorant que la marche fût arrêtée par le 6ᵉ de ligne, qu'on attendait, avait continué à s'approcher de la ville, et ayant vu la porte libre, il y était entré avec deux compagnies. Peu d'instants après, le général en chef arriva avec l'avant-garde, et l'intérieur de la Cassaûba fut occupé par un bataillon ; un autre forma les faisceaux en dehors de la porte d'entrée ; le général

Tholozé, sous-chef de l'état-major-général, nommé commandant de la place, organisa le service.

On songea d'abord à s'emparer des casernes des janissaires dont on connaissait l'esprit remuant, et qui étaient encore armés. A cet effet, le général Montlivault, qui s'était rendu maître de la porte de Bab-Azoun, logea un de ses régiments, le 34ᵉ, en ville, et les établissements de la marine furent occupés par le 35ᵉ de la brigade Bertier. Le reste de l'armée fut groupé autour d'Alger, et l'artillerie établit son parc général sur les hauteurs les plus rapprochées de la ville. Le général Berthezène se logea avec la brigade Achard à la belle maison de campagne du Dey, au nord de la ville. Le général Loverdo s'installa en ville, et le duc d'Escars resta dans sa position première, en arrière des Consulats de Hollande et d'Espagne.

Au moment de notre entrée dans la ville, le plus grand calme y régnait; quelques habitants étaient sur le seuil de leurs portes : ils semblaient résignés à tout; du reste, point

de foule, et aucune marque d'approbation
ni d'improbation de leur part. Le palais du
Dey venait d'être évacué depuis une heure
seulement par les gens de sa suite, et le désordre qui y régnait indiquait la précipita-
tion avec laquelle il avait été abandonné.
Le Dey avait envoyé dans la matinée demander une prolongation de quelques heures; et sur la réponse négative du général
en chef, il s'était décidé à quitter à la hâte la
Cassauba, pour aller habiter avec tout son
monde une maison située dans le bas de la
ville, et qui lui appartenait avant qu'il eût
été élevé à la souveraine puissance.

Le ministre des finances nous attendait
avec les clefs du trésor; il les remit au président de la commission nommée pour en
faire l'inventaire, et les scellés furent appo-
sés sur toutes les portes. Cette commission
était composée de l'intendant-général, du
général Tholozé, et du payeur-général. On
fut ébloui dans le premier moment de la
quantité d'argent monnoyé qui s'y trouvait,
et on l'estima approximativement à soixante-
quinze ou quatre-vingts millions; c'est cette

estimation, faite trop précipitamment, qui a donné lieu à tous les contes absurdes débités par la suite. Quelques paquets, que les gens du Dey n'avaient pas eu le temps d'emporter, et qui se trouvaient répandus çà et là sur les escaliers et dans les corridors, ayant été trouvés par l'avant-garde, elle se distribua ce qu'ils contenaient, et ce fut ainsi que des vêtements assez riches tombèrent au pouvoir de quelques soldats et des gens de la suite du général en chef et de l'état-major-général. Les objets précieux furent portés au trésor, et la plus grande partie des vêtements fut rendue au Dey.

Voilà à quoi se réduisent les spoliations tant reprochées aux chefs de l'expédition. Quelques paires de pantoufles qui avaient appartenu aux femmes du Dey, des bagatelles qui n'avaient de prix à nos yeux que comme souvenirs de la campagne, et que l'on était bien aise de rapporter en France comme des témoignages de notre victoire!

Mais les hommes de parti qui d'abord avaient attaqué toutes nos opérations, durent après le succès répandre sur nous de nouvelles calomnies; et le pillage de la Cassauba devint le texte inépuisable de leurs odieuses imputations. Nous abaisserons-nous à répondre à de vils pamphlétaires? Qu'il nous suffise de dire que M. le général Clausel, après une enquête sévère sur les dilapidations prétendues, a reconnu hautement la fausseté de l'accusation, et a déclaré de la manière la plus formelle que rien n'avait été détourné des trésors de la Régence.

A quelques époques de nos guerres, je le dis à regret, nous avons vu s'élever de grandes fortunes dont on ne pourrait avouer la honteuse origine; mais aux yeux de tout homme de bonne foi, les vainqueurs d'Alger resteront purs et sans reproche. En Afrique, comme en Espagne en 1823, le plus noble détintéressement n'a pas cessé de briller dans nos rangs, à côté des vertus inhérentes au caractère du soldat français.

Les marins naufragés des bricks *le Silène* et *l'Aventure*, rendus à la liberté par suite de notre entrée à Alger, témoignèrent leur joie et leur reconnaissance à nos soldats; ils s'embrassaient, se félicitaient, et cédaient aux instances de nos braves, en leur racontant leurs souffrances et leurs espérances. M. *Bruat*, lieutenant de vaisseau, à qui ils devaient tant pour leur salut, était l'objet de l'admiration générale, et il reçut les félicitations de toute l'armée.

La flotte vint mouiller dans la partie de la baie la plus rapprochée de la ville, et l'amiral prit possession du port et des établissements de la marine. Le bâtiment à vapeur *le Sphinx*, le même qui avait porté en France la nouvelle du débarquement de l'armée, partit pour Toulon dans la soirée du 5, pour annoncer la prise d'Alger.

Le lendemain, parut l'ordre du jour suivant :

Alger, 6 juillet 1830.

« La prise d'Alger était le but de la campagne ; le dévouement de l'armée a devancé l'époque où il semblait devoir être atteint. Vingt jours ont suffi pour la destruction de cet état dont l'existence fatiguait l'Europe depuis trois siècles. La re-

« connaissance de toutes les nations civilisées
« sera pour l'armée d'expédition le fruit le
« plus précieux de ses victoires. L'éclat qui
« doit en rejaillir sur le nom français aurait
« largement compensé les frais de la guerre;
« mais ces frais mêmes seront payés par la
« conquête. Un trésor considérable existe
« dans la Cassauba; une commission, com-
« posée de M. l'intendant en chef, du géné-
« ral Tholozé, et de M. le payeur-général,
« est chargée par le général en chef d'en
« faire l'inventaire; elle s'occupe de ce tra-
« vail sans relâche, et bientôt le trésor con-
« quis sur la Régence ira enrichir le trésor
« français. »

M. de Bourmont, en rendant compte au
Président du Conseil des Ministres de ces
brillants résultats, demandait qu'une gratification équivalente à trois mois de solde fût
accordée à l'armée. Il aurait pu, en s'appuyant
de quelques antécédents puisés dans notre
histoire militaire, prendre sur lui de donner
cette gratification; mais son excessive délicatesse l'en empêcha, et il voulut que les

opérations financières eussent toute la pu-
blicité possible, et qu'elles pussent être pré-
sentées aux Chambres revêtues de toutes les
formes légales. Il demandait aussi que l'arriéré de la Légion-d'Honneur, si vivement
réclamé depuis plusieurs années, fût payé
avec ce qu'il y aurait dans ce trésor d'excé-
dant sur les frais de la guerre. Cette pensée
généreuse lui appartenait tout entière, et il
souriait à l'idée de faire payer par la jeune
armée qu'il commandait, l'arriéré qui était
dû aux débris des armées de la République
et de l'Empire. Il était loin de penser alors
qu'il serait bientôt lâchement accusé d'avoir
dilapidé ce trésor auquel il voulait donner
une si noble destination. Mais il devait être
méconnu dans toutes ses actions, et le parti
qui s'acharnait à sa perte avait résolu de
l'abreuver de tous les genres d'humiliations.
La France, éclairée aujourd'hui sur ce qui
s'est passé à Alger, rend à ceux qui lui valent
une belle page de plus dans son histoire, une
justice qui, bien que tardive, n'en est pas
moins éclatante, et toute la honte en retombe
sur ceux qui devraient savoir que dans la

noble carrière des armes on meurt pauvre, après avoir vécu avec honneur.

La journée du 6 fut employée au désarmement des janissaires. Ils avaient été prévenus de cette mesure par les autorités de la ville, et cette opération importante se fit sans le moindre obstacle. Chaque homme apporta son fusil et son *yatagan*, après toutefois les avoir dépouillés de leur riche garniture. Douze cents hommes de cette milice turbulente furent embarqués pour le Levant; ceux qui étaient mariés, ou d'un âge trop avancé, reçurent l'autorisation de rester à Alger.

Cette ville extraordinaire est bâtie en amphithéâtre sur le penchant nord-nord-est d'une colline qui s'étend jusqu'à la mer. Son périmètre est d'environ trois quarts de lieue. Les rues y sont fort étroites, excepté celle qui va du faubourg de Bab-Azoun au faubourg de Bab-al-Ouet, qui est un peu plus large, et où se tiennent les marchés. Les maisons, construites en pierres et en grosses briques, sont blanchies à la chaux, ce qui donne à l'ensemble de la ville l'aspect d'une vaste carrière; la plupart n'ont qu'un étage qui, du côté de la rue, a une partie saillante soutenue par des arcs-boutants en bois. Chaque habitation a une citerne, et il y a en outre dans les rues une quantité de fontaines dont les eaux viennent, par des conduits souterrains, de la colline sur laquelle est bâti le château de l'Empereur.

Il y a à Alger un nombre considérable de mosquées; mais aucune n'est remarquable par son architecture ou ses ornements. On n'y trouve ni sièges ni coussins; le pavé est recouvert de nattes; au milieu s'élève une grande chaire exhaussée par quelques marches; c'est là que se place chaque vendredi le Mufti ou un Iman pour exhorter le peuple à la piété. Les Mahométans en prière ont toujours le visage tourné du côté qui regarde la Mecque. Dans la partie opposée de la mosquée est une tour carrée sur laquelle un crieur monte à différents instants du jour pour annoncer aux croyants les heures de la prière.

Les établissements de la marine sont remarquables; de vastes magasins voûtés se

trouvent sous le môle, et des batteries formidables défendent la ville du côté de la
mer; du reste, le port est très petit, et ne
pourrait pas contenir plusieurs frégates armées.

En fait d'établissements publics, nous n'a-
vons remarqué que les casernes, qui sont au
nombre de cinq, et qui peuvent contenir
chacune à-peu-près six cents hommes; plusieurs bagnes pour les esclaves du gouvernement, et trois grandes écoles publiques.
Il y a aussi quelques auberges qui renfer-
ment de vastes magasins, et où vont loger
les marchands turcs. Les Algériens font un
grand usage du café, et ils passent plusieurs
heures de la journée à fumer, et à boire
cette excellente liqueur. Ils se rassemblent
à cet effet dans une maison à laquelle nous
avions tout naturellement donné le nom de
Café, mais qui ne ressemble en rien aux
établissements de ce genre que l'on voit en
Europe. Cette maison se compose d'un long
couloir obscur, à droite et à gauche duquel
se trouvent des salles enfumées et profondes;
à l'extrémité de chacune de ces salles il y a

une petite cheminée; c'est là que la liqueur de Moka bout en permanence, et qu'un esclave est chargé de la distribuer aux Algériens couchés ou assis sur les bancs qui garnissent les murailles. Chacun de ces hommes est armé d'une longue pipe, et sans la vivacité de leurs yeux, on les prendrait pour des figures du cabinet de Curtius, tant leur immobilité est parfaite. Ils regardaient surtout avec étonnement nos soldats allant et venant sans cesse, et faisant ce que les esclaves seuls sont chargés de faire dans leur pays. Ils nous ont avoué depuis qu'ils nous avaient crus des géants, et qu'ils ne comprenaient pas comment des hommes aussi petits pouvaient faire d'aussi grandes choses.

Le 7 juillet tout le quartier-général fut prévenu que le Dey allait venir à la Cassauba pour faire une visite au général en chef; l'amiral Duperré fut invité à assister à cette entrevue. Une compagnie de grenadiers fut envoyée à Hussein-Pacha comme garde d'honneur, et des officiers du général en chef allèrent au-devant de lui pour le recevoir aux portes du palais. La curiosité était extrême

9.

chez tous les assistants, et quand les tam-
bours, qui rappelaient, annoncèrent son arrivée, il se fit un profond silence : une grande
infortune inspire toujours tant de respect,
quand elle frappe un vieillard! Celui-là sur-
tout devait être si malheureux, en voyant
sa capitale et son propre palais occupés par
des chrétiens ses vainqueurs, qu'on ne pouvait s'empêcher de le plaindre ou de l'admirer dans la démarche qu'il faisait.

Hussein-Pacha est un homme d'environ
soixante-cinq à soixante-dix ans; sa taille
est petite; ses formes musculeuses et arron-
dies indiquent la force; sa figure, sans être
belle, a cependant de la dignité, et ses yeux
sur-tout annoncent de la finesse et de l'as-
tuce. Son costume était très simple; le *bour-
nous* des Arabes était jeté négligemment
sur ses épaules, et un turban fait avec un
cachemire de couleur cramoisie couvrait sa
tête. Des Turcs et des Maures de distinction l'entouraient, mais aucun d'eux n'était
armé. Il s'avança avec noblesse au-devant
du général en chef qui fit quelques pas à sa
rencontre; rien n'indiquait sur son visage

l'émotion qui devait régner au fond de son cœur ; il fut humble sans bassesse, et sa dignité n'avait rien de choquant. L'entrevue fut des plus amicales ; il demanda d'abord à être transporté à Livourne avec sa suite qui se composait de cent et quelques personnes. M. de Bourmont lui dit qu'une frégate allait être mise à sa disposition dès l'instant même, et qu'il pourrait y faire transporter tout ce qui lui appartenait. Il fit monter à deux cent cinquante mille francs à-peu-près la perte de son mobilier, et la somme lui fut portée le lendemain. Ses gens même eurent la permission de parcourir la Cassauba pour réclamer tout ce qu'ils reconnaîtraient comme ayant appartenu à leur maître ; ils usèrent grandement de la permission ; car, dans leur visite, plusieurs montres françaises disparurent.

Le Dey fut reconduit avec les égards qui l'avaient accompagné à son arrivée, et il traversa encore une fois la ville au milieu du peuple silencieux. Monté sur une mule d'assez pauvre apparence, entouré d'un petit nombre des siens, et escorté par une

garde française, ce prince infortuné avait
dû perdre le prestige dont sa grandeur était
entourée avant ses malheurs; cependant il
n'y eut aucune démonstration hostile contre
lui, et la population muette se borna à
exprimer par son silence la douleur qu'elle
ressentait. Le général en chef lui rendit
sa visite le lendemain, et leur conversa-
tion fut des plus touchantes; le Dey commença par le remercier de tous ses bons
procédés et l'assurer de sa reconnaissance
éternelle pour le Roi de France. « J'avais
« toujours été persuadé de la justice de ma
« cause, mais je reconnais que je m'étais
« trompé puisque j'ai été vaincu; je dois me
« résigner à la volonté de Dieu. On m'a re-
« présenté comme un despote féroce et san-
« guinaire; que l'on consulte mes sujets, et
« sur-tout la classe indigente de cette capi-
« tale, et l'on aura la preuve du contraire,
« car je leur ai toujours fait du bien. Je vous
« les recommande.

« Je sais que vous avez perdu un fils; je
« vous plains, et j'apprécie d'autant plus
« votre douleur que la guerre ne m'a pas

« plus épargné, et qu'un neveu que j'aimais
« tendrement m'a été enlevé; mais nous de-
« vons nous résigner à la volonté de Dieu.

« C'est à Naples que je desire me retirer;
« je pars avec la conviction que le Roi de
« France ne m'abandonnera pas. Si un jour
« je me trouve dans le besoin, je m'adresse-
« rai à lui; il est grand, il est généreux puis-
« qu'il vous a commandé tout ce que vous
« faites, et il ne me laissera pas dans la
« misère. »

Le langage de cet homme, que nous avions
regardé jusqu'alors comme fort ordinaire,
avait quelque chose de si noble, que nous
fûmes touchés de ses malheurs et qu'il con-
quit notre estime. Le 10 juillet, dans la matinée, il se disposa à passer à bord de la
frégate *la Jeanne d'Arc* qui avait été disposée pour le recevoir ainsi que les cinquante-
deux femmes et les cinquante-huit hommes
qui le suivaient. Ses derniers moments à Alger furent touchants; des vieillards voulurent encore le voir avant de mourir, et ils se
firent transporter sur le rivage pour embras-
ser ses genoux. Il eut à supporter de bien

rudes épreuves; et lorsque la fermeté de son caractère fut ébranlée par ces scènes attendrissantes, il se précipita dans le canot qui l'attendait, pour cacher ses larmes et sauver sa dignité.

Ainsi disparut de ces contrées malheureuses le dernier représentant de la puissance mahométane; il emportait les regrets de la partie éclairée de la population, parcequ'il avait régné avec modération; mais les autres classes du peuple le virent partir avec indifférence; les Maures et les Juifs se réjouirent d'un changement qui devait les affranchir.

On trouva dans la Cassauba une quantité considérable d'armes de luxe; elles furent distribuées aux officiers-généraux et supérieurs de l'armée, d'après l'ordre du général en chef. Les officiers-généraux eurent chacun un fusil, un sabre, et une paire de pistolets; un yatagan fut donné à chaque officier supérieur. Les armes des janissaires furent en outre données à tous ceux qui n'avaient pas pris part à cette première distribution. La marine fut oubliée, et elle en fut blessée; elle crut que c'était avec intention qu'on ne l'avait pas admise à prendre sa part de ces trophées, et nous avons su depuis que les chefs en avaient eu un vif ressentiment. Ce fut un tort, il est vrai, d'avoir oublié la marine dans cette circonstance; mais enfin ce ne fut qu'un oubli, et nous pouvons affirmer que si quelqu'un, au moment de la distribution, eût proposé de l'y faire participer, le général en chef aurait reconnu la justice de cette demande, et y aurait accédé de bonne grace.

La meilleure harmonie ne tarda pas à régner entre nos soldats et la partie de la population d'Alger qui se montrait dans les marchés , les bazars et les lieux publics; quant à l'intérieur des maisons, aucun de nous n'y fut introduit, et les Algériens paraissaient peu jaloux de nous mettre au courant de leurs mœurs de famille. Les femmes sur-tout sont dans ce pays, comme dans tout l'Orient, soumises à une surveillance jalouse, et quiconque serait assez téméraire pour pénétrer le mystère dont elles sont entourées, paierait de sa tête sa folle

entreprise. Le petit nombre d'entre elles qui
reçoivent la permission de sortir pour aller
aux mosquées ou aux bains, sont toujours
suivies de plusieurs esclaves, et elles ne se
montrent que voilées et masquées de manière à ce qu'il soit impossible de deviner ce
qu'elles sont. Les Négresses et les Juives
sortent seules à visage découvert.

Un commissaire-général de police fut créé;
ces fonctions importantes furent confiées à
M. d'Aubignosc, qui avait acquis dans de
hauts emplois une grande habitude de l'administration. On installa une commission
municipale; elle se composait de sept habitants maures les plus influents par leur fortune, et parlant presque tous une langue
européenne.

La nouvelle de la prise d'Alger s'étant ré-
pandue dans la Méditerranée, les bâtiments
de commerce de toutes les nations affluèrent
dans la baie, et l'amiral y organisa le service.
Le brick *le Marsouin* fut placé près de la
chaîne, et dut veiller à la police du port. Un
autre brick fut installé dans la baie comme
stationnaire, pour veiller aux arrivages; et

on créa un conseil de santé qui eut pour mission de régler les quarantaines. Ces excel-
lentes mesures contribuèrent à maintenir
l'ordre dans toutes les branches du service.

Une grande revue de l'armée était an-
noncée pour le 12; on croyait que le général en chef ne la passerait que pour distribuer aux troupes les récompenses si impa-
tiemment attendues. M. de Bourmont s'était
flatté effectivement que le premier travail
envoyé en France au commencement de la
campagne pourrait lui être renvoyé pour
cette époque, mais il eut la douleur de se
montrer encore aux soldats sans avoir rien
à leur donner; et nous sûmes depuis que
par une fatale parcimonie ce travail avait
été renvoyé à l'armée, comme trop considérable, avec invitation de le réduire!... et
l'on regardait à quelques bouts de ruban
pour récompenser des services que toute
l'Europe admirait, et l'annuaire à la main,
on consultait l'ancienneté de grade de tel ou
tel officier porté pour de l'avancement!...
Ah! quel aveuglement! Pourquoi faut-il que
la main du prince ait été retenue par d'aussi

misérables considérations, et que tout ce qui fut demandé alors pour l'armée n'ait pas été mis immédiatement sous ses yeux, sans avoir passé par la filière des bureaux!...

Le découragement commença à se mettre dans les rangs; les maladies y firent du ravage; et lorsque le 18 on vit *le Sphinx*, de retour de Toulon, apporter au général en chef sa nomination de maréchal de France sans aucune autre récompense, l'étonnement fut universel. M. de Bourmont lui-même sentit tout ce qu'il y avait de désobligeant pour l'armée dans ce retard, et il chercha, dans toutes les réponses qu'il fit aux félicitations des différents corps, à leur exprimer le chagrin qu'il ressentait de ne pouvoir encore les récompenser de leurs brillants services.

Le Bey de Tittery[1], qui s'était empressé de faire sa soumission, fut investi de nouveaux pouvoirs par le général en chef, pour gouverner au nom du Roi de France la province qu'il administrait sous la Régence.

---

[1] Le même qui depuis a levé le premier l'étendard de la révolte, et que le général Clausel a fait prisonnier dans son expédition sur Blida et Médéha.

Cette cérémonie se fit à la Cassauba; elle n'eut pas toute la pompe qu'elle comportait, et que les circonstances rendaient impossible.

Dès le 14 on avait commencé à évacuer le trésor; le vaisseau *le Marengo* était parti pour Toulon, emportant avec lui quinze millions en or; trois jours après *le Duquesne* mit à la voile avec pareille somme; le 21, *le Scipion* prit la même direction avec cinq millions seulement en argent. Ces bâtiments avaient à bord un grand nombre de malades qu'ils devaient laisser à Mahon, où était l'hôpital-général de l'armée, ou, à défaut de place, au Lazaret de Marseille.

Tous les approvisionnements de Sidi-Ferruch furent évacués sur Alger, tant par terre que par mer; les retranchements furent désarmés, et les troupes qui s'y trouvaient, ainsi que tous les postes intermédiaires, reçurent l'ordre de rentrer à leurs corps.

La partie commerçante de la ville prenait un nouvel aspect; à côté de la boutique d'un Algérien vendant avec gravité son tabac et ses riches étoffes, on voyait un magasin de comestibles, dont l'écriteau, en mauvais français, annonçait que le débitant était Maltais ou Espagnol; plus loin, un rameau de verdure invitait nos soldats à venir boire à leur patrie et à leurs succès. La rue des Consuls sur-tout constatait d'une manière fappante notre présence à Alger; toutes les portes étaient tapissées d'enseignes, et on y voyait comme dans nos foires de France, d'énormes pièces de toiles écrites traversant la largeur de la rue.

Le transport des vivres, de la manutention aux lieux indiqués pour les distributions, ne pouvait se faire qu'à dos de mulets, par l'obligation où on se trouvait de traverser une partie de la ville; ce mode entraînait des retards nuisibles au service; on pensa à y remédier, et on construisit des fours dans les beaux magasins du môle. La communication de la marine à la grande rue fut élargie de manière à ce qu'une voiture pût y passer sans interrompre la circulation. Les batteries considérées comme inutiles, furent désarmées, et les canons conduits sur le port pour être envoyés en France. De

ce nombre était la fameuse pièce connue
sous le nom de *Consulaire,* dont le boulet
pèse cent soixante livres : elle est aujour-
d'hui à l'arsenal de Toulon.

La marine se mit à l'ouvrage ; un ingé-
nieur-constructeur et des ouvriers envoyés
de Toulon visitèrent le matériel, et on arma
une petite flotille composée de six goelettes
qui furent trouvées en bon état. Une frégate et plusieurs autres bâtiments furent
vendus pour être démolis, et en faire du
bois de chauffage pour l'armée.

Le service des hôpitaux était seul en sou-
france ; les moyens qu'on s'était créés dans la
ville ne suffisaient pas, et le nombre des malades augmentait dans une proportion ef-
frayante. Le désir de revenir en France commençait à dominer tous les esprits, et la
crainte de ne plus revoir son pays aggravait
le mal du soldat atteint de la dyssenterie et
des maladies causées par le climat. On les
voyait se traîner vers le lieu de l'embarquement, et chercher d'un œil mourant le vaisseau qui devait les ramener sur le sol de
la patrie ; plusieurs n'arrivaient pas jus-

qu'au rivage, et en tombant, semblaient accuser le sort qui les privait de revoir la terre natale.

Ces scènes de désolation firent une vive impression sur les Algériens; ils crurent que l'armée entière était dans cet état, et les partisans du gouvernement déchu conçurent de coupables espérances. Ils entretenaient des correspondances avec les Beys qui n'avaient pas encore fait leur soumission, et leur envoyaient de la poudre et des munitions. Une surveillance un peu plus active aux portes de la ville, aurait pu remédier à ce grave inconvénient; mais nous portions encore en cela, comme en toute autre chose, notre insouciance naturelle et une confiance aveugle.

CHAPITRE VI.

Notions statistiques.—Nature du sol.—Ses productions.
— Le palmier. — Animaux. — Cheval barbe. — Chameau. — Villes principales. — Population. — Esclaves chrétiens.

La Régence d'Alger, bornée au Nord par
la Méditerranée, à l'Ouest par les états de
Maroc, à l'Est par ceux de Tunis, au Sud
par le grand désert de Sahara, s'étend de 6°
3o′ de longitude Est, à 4° de longitude Ouest.
La longueur de son territoire est de deux
cents lieues à-peu-près ; la largeur du pays
labourable de vingt-cinq à trente lieues.
Composée de la Mauritanie césarienne et de
l'ancienne Numidie, elle se divise en trois
grandes provinces, *Oran* à l'Ouest, *Constantine* à l'Est, et *Tittery* au Sud ; Alger
est comprise dans cette dernière province.
Toute la côte de la Régence, à l'exception
des hauteurs qui sont autour d'Alger, est

10

un pays plat. Derrière cette plaine s'élève
une première chaîne de montagnes appelée le Petit-Atlas. Par-delà ces montagnes
on trouve encore d'autres plaines très éten-
dues, puis la chaîne irrégulière du Grand-
Atlas qui semble défendre l'entrée du grand
désert. Le groupe de hauteurs appelé Boud-
Jareah domine tout le pays qui est à l'Ouest
d'Alger; c'est sur le penchant oriental de
l'une de ses collines qu'est bâtie cette ville.
Les plus hautes montagnes du territoire
de la Régence s'élèvent à deux mille quatre cents mètres au-dessus du niveau de la
mer.

Le sol de la Régence est formé, sur la
côte, par des marnes ou des sables marneux,
et par des calcaires compactes durs. Dans le
Petit-Atlas les montagnes se composent de
calcaire et de grès, mais les vallées et la
plaine située du côté de la mer sont sablon-
neuses. Le sol est souvent imprégné de
muriate de soude; il contient aussi une
grande quantité de nitrate de potasse. Le
plomb et le fer sont les seuls métaux qu'on
ait encore découverts sur le territoire d'Al-

ger. Ce sont les Kabyles des districts montagneux de Boudjie qui le forgent.

Une combinaison heureuse de chaleur et d'humidité donne en Barbarie aux productions végétales, un grand degré de vigueur et de magnificence. Le peuple s'y nourrit en général avec de l'orge, mais le froment et le blé de l'Inde y viennent en abondance. Les vignes croissent à une grande hauteur; elles sont souvent aussi épaisses à leurs racines que l'olivier. Ce dernier arbre est la production favorite du nord de l'Afrique. Les grenades parviennent à une grosseur énorme; les oranges et les figues y sont exquises. Le châtaignier ne s'élève pas très haut, mais il y donne des fruits très savoureux. Les chênes sur le bord de la mer sont très élevés; le chêne à glands doux (*quercus ballota,* Desf.) y est très commun; le cyprès étonne par sa hauteur et sa forme pyramidale. On voit aussi beaucoup de mûriers et d'amandiers.

Il y a au moins vingt mille jardins aux environs d'Alger; mais tout l'effet que produit cette belle nature est détruit, quand

10.

on pense au peuple qui est en jouissance d'une contrée si favorisée. Au premier abord le paysage paraît délicieux ; mais les regards viennent-ils à s'y fixer, on découvre bien des lieux stériles : on reconnaît alors le mépris de ces barbares pour l'agriculture qu'ils remplacent par la guerre et le pillage.

Dans les endroits les plus arides naissent une foule de plantes qui présentent aux animaux une excellente pâture et remplissent l'air d'un doux parfum. Le laurier-rose anime et réjouit le pays. Toutes les hauteurs sont couvertes de thym et de romarin qui purifient l'atmosphère et servent en beaucoup de lieux au chauffage. La vue peut continuellement s'arrêter avec délices sur des champs de roses, et ces roses distillées donnent l'essence si recherchée en Europe. Ce beau climat a été de tout temps favorable à la culture de la canne à sucre ; beaucoup de personnes croient qu'elle est indigène de la Barbarie, d'où elle aura été portée aux îles de l'Inde occidentale.

Le dattier (*phœnix dactylifera*, Desf.) est

très commun sur le territoire d'Alger. Il croît à une hauteur de quatre-vingts à quatre-vingt-dix pieds; il lui faut trente ans pour arriver à son entier accroissement, et il porte ensuite des fruits pendant soixante ans. Son fruit naît sous les feuilles qui sont attachées au tronc. Les dattes, tant qu'elles sont sur l'arbre, ont une teinte jaune; mûres, elles en prennent une rougeâtre. C'est sur la ligne de l'Atlas qu'on en rencontre en plus grande quantité. Il fournit aussi en abondance un sirop semblable au miel et dont les hautes classes seules font usage.

Le palmier est avec raison regardé comme un des végétaux qui rendent le plus de services à l'humanité. Il avive l'horrible surface du désert, et garantit le pélerin des rayons brûlants d'un soleil perpendiculaire. Il nourrit le voyageur qui erre dans ces solitudes affreuses en lui donnant un fruit excellent et un liquide qui le rafraîchit. Il est encore l'emblème de la gloire, des triomphes, et des vertus héroïques. C'est avec raison qu'on l'a appelé *l'arbre du soleil,* car ses feuilles marquent les jours, et les années y sont représentées par les cercles de son tronc.

Les animaux domestiques sont assez communs à Alger. Les chiens y sont soufferts, mais en général les Maures les détestent. Les chats au contraire y jouissent d'une grande faveur. Cette vénération religieuse tire sa source de la tendresse du Prophète pour un chat qu'il trouva un jour endormi dans la manche de son manteau. Les vaches sont petites, par suite du manque de pâturage. Les chèvres au contraire y sont supérieures en taille à toutes celles des autres pays. Leur couleur presque toujours d'un blanc pur, convient beaucoup à l'habillement des Bédouins, parcequ'elle les préserve plus que toute autre de l'ardeur du soleil.

Les ânes sont pareils à ceux de l'Égypte et de la Marche d'Ancône. Ces animaux patients et persécutés remplacent pour les indigènes, les voitures de nos climats. Leur voix sonore annonce la nuit le voisinage des Arabes, et les Maures font le plus grand cas de leur chair. Il n'est pas étonnant que les cavales barbes et de tels ânes produisent des mulets agiles et pleins de force. Ces mulets sont préférés aux chevaux pour les transports, parçequ'ils ont le pied plus sûr, et portent des fardeaux plus lourds.

Les chevaux de Barbarie seraient comparables à ceux de l'Arabie par leur beauté, et sur-tout par leurs qualités, si les Maures en prenaient le même soin que l'Arabe du désert. Mais à Alger où personne n'était certain de conserver ce qu'il possédait, ces soins n'étaient pas possibles. Les chevaux mêmes qui appartenaient au Dey, restaient des journées entières sellés, attachés par les pieds et exposés à la chaleur du soleil. Ils deviennent poussifs de bonne heure. Malgré tous ces inconvénients, le cheval barbe est extrêmement actif, laborieux, et il supporte patiemment la fatigue. Il est agile, maigre et effilé, ses membres sont grêles. Son impétuosité naturelle le rend excellent pour la charge. Les Arabes l'exercent fréquemment au galop en lui laissant la bride sur le cou, et le plus grand mérite d'un cavalier est de savoir arrêter sur-le-champ son cheval lancé à toutes jambes. On leur donne peu d'eau à boire, et on y supplée par le lait de chameau dont ils sont très friands, et qui leur fait beaucoup de bien. La mutilation de ce superbe animal n'est point pratiquée chez les Musulmans, ils craignent de diminuer sa force et son courage. Les chevaux anglais qui avant leur régénération étaient totalement impropres à la selle, doivent leur supériorité actuelle au croisement avec la race barbe.

Le chameau, appelé avec emphase par les Arabes *le vaisseau du Désert,* est le don le plus précieux que la Providence ait fait aux habitants de l'Afrique. Il est tellement en vénération chez ces peuples, qu'ils se lavent avec l'écume sortie de sa bouche. Le chameau est appelé par les Mahométans, *Hagi-Baba,* le père des pélerins. Cet honneur lui vient de ce qu'il porte à la Mecque, les présents du Grand-Seigneur. Mahomet lui a aussi promis le paradis, en récompense des services qu'il lui a rendus.

Le chameau peut porter un poids énorme qui varie de 500 à 1000 livres; souvent il

reçoit sur son dos une famille entière. Il
fournit aux hommes son lait, sa chair, sa
peau et son poil; et la nuit, quand le voyageur fatigué est étendu sur le sable, le chameau lui fait un abri de son corps. Il veille
pendant que son maître sommeille, et,
comme le chien fidèle, il l'avertit de l'approche de l'ennemi. L'instinct du chameau
lui fait sentir l'eau à une grande distance;
il reconnaît les lieux avec une précision
étonnante, et on doit le regarder comme le
véritable type de la patience, du courage et
de la persévérance. Il souffre la faim, la
soif, il est exposé aux rayons d'un soleil ardent, et supporte tout cela avec une incom-
parable douceur. Tant qu'il est capable de
porter le fardeau dont il est chargé, et de
continuer sa route, il met tous ses muscles
en action; jamais il ne s'abat et il ne s'arrête
que quand ses forces sont épuisées : alors il
tombe pour ne plus se relever, et ce n'est
qu'en rendant à terre le dernier soupir, qu'il
cesse d'être utile.

On l'emploie en général comme bête de
somme. Il s'agenouille pendant qu'on met le

fardeau sur son dos, et témoigne par un sif-
flement ou un mouvement de tête qu'il est
assez chargé. Il marche quinze et seize heures sans qu'il soit nécessaire de le frapper ou
de le diriger. Dans les caravanes les Arabes
battent du tambour et attachent de petites
cloches aux genoux du chameau conduc-
teur. Faut-il hâter la marche, ils font entendre un chant dont l'effet est de réjouir
ces animaux et de leur faire presser le pas.

Le chameau peut se passer d'eau quatre
ou cinq jours sans ralentir sa marche; il se
borne à arracher en passant les racines et
les jeunes branches qu'il trouve sur son chemin. Il préfère les orties, l'absinthe et les
chardons. Il retient dans une sorte de petit
sac la nourriture qu'on lui donne le jour
du départ, et il la mâche ensuite le long de
route. Il a, de plus que les autres ruminants,
une poche où il met en réserve une certaine
quantité d'eau, et il est arrivé quelquefois,
lors de la mort d'un de ces animaux, que
cette eau a conservé la vie à des voyageurs.

La forme du chameau n'est pas moins
remarquable que les autres qualités qu'il pos-

sède. La position élevée de sa tête empêche qu'il ne soit suffoqué par les volumes de sable qui dans le désert passent le long de son corps. Ses yeux sont à demi fermés et défendus en outre par d'épaisses paupières. Il a la plante des pieds remarquablement large, de sorte qu'elle ne fait qu'une impression légère sur une surface vacillante, et pendant que les autres animaux ont les plus grandes peines à marcher à travers les sables du désert, le chameau semble y être dans son élément.

Les dromadaires qui sont en petit nombre à Alger sont une variété de la même race, mais leur forme est plus élégante que celle du chameau, et ils sont à celui-ci à-peu-près ce que le lévrier est au chien domestique. Leur légèreté semble presque incroyable à ceux mêmes qui ajoutent foi aux contes merveilleux qu'en font les Arabes. Si vous rencontrez, disent-ils, un homme monté sur un dromadaire, et que vous lui disiez : « Salem-alix; » avant qu'il vous ait répondu « Alix-salum, » il est déja hors de vue.

Les principales villes de la Régence sont :

Alger, résidence du Dey ; c'était autrefois une île appelée *Al-Guisars* ; les Arabes l'ont réunie au continent, et lui ont donné le nom national de *Gezir Bene Mozana*, qui était celui de la famille par qui cette cité fut fondée ; mais elle continue d'être appelée *Al-Jelzirs Alguzie* (Alger la guerrière) par les Maures et les Turcs.

Constantine, résidence du Bey, gouverneur de la province de l'Est.

Trémecen, autrefois capitale d'un royaume.

Bone, qui a une baie excellente et un château fort.

Oran, ville grande et populeuse, avec une assez bonne rade à l'Est de laquelle se trouve une baie capable de recevoir les plus grandes flottes, et dont l'entrée est défendue par le fort de *Merzalquivir*, bâti par les Espagnols.

Tenez, autrefois capitale du royaume du même nom.

Chersell où il y un bon ancrage.

Arzew, renommée pour ses mines de sel, le meilleur qu'il y ait dans le monde.

El Callah, connue par son grand marché de schalls et de tapis.

Blida, *Médéha*, villes de l'intérieur.

Et enfin *Gigery*, située sur le bord de la mer, et dont les habitants sont considérés comme la race la plus féroce de toute la Barbarie.

La population d'Alger est très mélangée; elle se compose principalement de Turcs, de Kolouglis, de Maures, d'Arabes, de Kabyles, et de Juifs; il s'y trouve aussi une assez grande quantité de Nègres.

Les Turcs formaient le corps des janissaires qui se recrutait tous les ans dans les principales villes du Levant. Ils étaient en général remuants et toujours prêts à déposer le Dey régnant pour en choisir un autre parmi eux. Insolents, durs, et despotes pour les autres classes des habitants, ils étaient redoutés et furent peu regrettés.

On en comptait à-peu-près trois mille au moment du débarquement de l'armée française, et il n'est resté de ce nombre dans le pays que ceux qui étaient frappés de cécité et ceux qui par d'autres infirmités, ou leur grand âge, étaient devenus incapables de porter les armes.

Les *Kolouglis,* ou fils de Turcs de la Régence et de femmes maures, viennent dans l'ordre de la considération et des richesses, immédiatement après les Turcs; mais ils sont incapables, par le fait de leur naissance, d'occuper de grands emplois, car, suivant le préjugé établi, le mélange des femmes du pays altère la pureté du sang ottoman. Cependant ils étaient les objets des plus tendres soins de la part de leurs pères qui, dans la vue de les dédommager du rang et des avantages auxquels il leur était interdit de prétendre, saisissaient tous les moyens de leur ménager une fortune indépendante.

Les Maures composent plus de la moitié de la population; leur extérieur semble prouver qu'ils descendent d'un mélange d'anciens Mauritaniens et Numides, avec les Phéniciens, les Romains et les Arabes. Ils préfèrent le luxe des habits à la bonne chère; les exercices du cheval et le tir des armes à feu sont leur passe-temps favori.

Les Arabes venus d'Asie conservent leur

physionomie mâle, leurs yeux vifs et leur teint presque olivâtre; ils sont d'une taille moyenne et assez bien prise. Ceux d'entre eux qui vivent sous des tentes et errent avec leurs troupeaux, se nomment Bédouins, ou indépendants; ils passent leur vie à fumer et à jouir des plaisirs de la campagne. On les reconnaît facilement à une extrême sobriété et à un mélange de ruse et de cordialité; ils ont un besoin impérieux de liberté et d'indépendance, et leur hospitalité ne se dément jamais. Ce qu'ils aiment le mieux au monde, c'est leur cheval; aussi sont-ils excellents cavaliers. Ils paient rarement le tribut qui leur est imposé par les Algériens sans y être contraints par la force.

Les Kabyles forment une race distincte des deux précédentes, qui paraît être sortie de l'Afrique septentrionale : elle comprend probablement les restes des anciens Libyens. Ils ont le teint rouge et noirâtre, la taille haute et svelte, le corps grêle et maigre; ils sont comme les Arabes, divisés en petites tribus gouvernées par des scheiks : une partie de ces tribus est ré-

pandue dans les montagnes de l'Atlas, l'autre dans le désert.

Quant aux Juifs, ils sont là ce qu'on les
trouve en Pologne, en Allemagne, en Italie,
et dans tous les états de l'Europe où ils ne
jouissent pas du droit de citoyens. Abrutis
par un esclavage honteux, ils rampent; ils
affectent tous une grande misère pour ne
pas attirer l'attention sur eux; ils sont pour
la plupart couverts de haillons, et habitent
des maisons où l'air est infect et la malpro-
preté repoussante. Le célèbre Bacri lui-même, ce Juif si riche, qui a joué un rôle dans
les démêlés entre la France et le Dey, habitait
avant notre entrée à Alger, une maison où
tout était loin d'annoncer l'opulence; mais
après l'expulsion des Turcs, il prit possession d'un petit palais qui lui appartenait,
et qu'il louait à un des ministres de la Régence. Il est devenu par son esprit insi-
nuant, un personnage important, et à cette
époque rien ne pouvait se faire à l'armée, en
matière d'administration, sans qu'il fût con-
sulté; aussi son crédit toujours grandissant
a-t-il donné souvent de l'ombrage aux prin-

cipaux Maures qui avaient embrassé chaudement le parti des Français.

Avant de finir ce chapitre consacré à la peinture du pays, il m'est impossible de ne pas parler des esclaves chrétiens qui, à la honte des états civilisés, ont gémi dans les fers de ces barbares pendant plusieurs siècles. Ces malheureux, enlevés par la violence à leur pays et à leurs familles, étaient ravalés à l'égal de la bête, et ils terminaient promptement dans l'opprobre et l'infamie une vie que n'avait pas su protéger cette civilisation européenne si fière de sa supériorité, et si indifférente aux maux de l'humanité. Ils mouraient abandonnés, et leurs dernières pensées étaient un regret pour leur patrie et un reproche pour leur gouvernement.

A leur entrée dans le bagne, ils étaient dépouillés de leurs habits, et revêtus d'une espèce de sarrau en toile. La tête, les jambes et les bras restaient nus. Beaucoup laissaient croître leur barbe en signe de désolation. La plupart étaient occupés à faire des cordes ou des voiles pour la marine; d'autres,

achetés par de riches Maures, étaient employés aux fonctions les plus viles de la do-
mesticité; d'autres encore, comme des bêtes
de somme, traînaient la pierre et le bois
destinés aux constructions publiques. Ils
étaient enchaînés, et n'avaient pour toute
nourriture que deux petits pains noirs.
Sans la charité d'un riche Maure qui a fait
un legs en leur faveur, on les aurait laissés
mourir de faim le vendredi, parceque ce
jour ils étaient exemptés de travail. La nuit
ils reposaient dans des corridors, exposés à
toute l'inclémence des saisons, ou bien ils
couchaient en plein air, et ceux que l'on faisait travailler aux champs n'avaient d'autre
refuge que des cavernes. Dès le point du
jour, on les envoyait à l'ouvrage, et les gardiens, armés de fouets, arrachaient souvent
à leurs victimes le peu d'argent qu'elles pouvaient posséder, pour leur faire acheter un
adoucissement de rigueur dans l'exercice de
leurs devoirs; de cette sorte les captifs ne
tardaient pas à épuiser sous la sévérité de ces
gardiens, une vie de douleurs et d'opprobre.

Attachés au même joug avec les bêtes em-

ployées aux travaux de la campagne, ils traînaient toujours les plus lourds fardeaux, et
recevaient plus de coups que leur compa-
gnon, l'âne ou le mulet, toujours plus favorisés. Il périssait chaque année deux cents
esclaves par suite du manque de nourriture
et des mauvais traitements.

Le prix de chaque captif était fixé, mais
le mode assigné pour leur délivrance leur
ôtait tout espoir. Si ces malheureux, après
avoir obtenu la permission fort rare d'exer-
cer un commerce, venaient à acquérir quelque bien, il ne pouvait leur servir à se
racheter. Le Dey étant l'héritier légal de
toute la propriété de ses esclaves, s'emparait
de ce qu'ils possédaient, et il arrivait souvent même qu'on les dépêchait pour que sa
hautesse entrât plus tôt en possession!...

La captivité était à Alger entourée de
cruautés qui semblaient ne devoir jamais
finir; aussi la douloureuse condition des esclaves pouvait-elle être comparée à celle de
ces esprits, dans le séjour des ténèbres et du
désespoir, qui, suivant un écrivain, disent
sans cesse: Quelle heure est-il? et qui reçoi-

11.

vent cette terrible réponse : « L'éternité !... »

Quand un de ces malheureux tombait malade, des motifs d'intérêt personnel auraient dû porter le maître à un peu d'indulgence, mais il était abandonné, et sans la charité de l'Espagne, qui avait consacré un fonds pour l'établissement d'un petit hôpital exclusivement réservé aux esclaves chrétiens, on les aurait vus périr dans les rues, et l'humanité souffrante serait restée sans secours. C'est encore à Charles IV, roi d'Espagne, que l'on doit le petit coin de terre sur le bord de la mer où les chrétiens recevaient la sépulture; ce fut avec de grandes difficultés et à grands frais qu'il obtint cette concession. Jusque-là les cérémonies de la sépulture étaient refusées aux captifs, et souvent leurs corps restaient exposés en plein air pour être dévorés par les reptiles et les oiseaux de proie.

Honneur à la France monarchique qui en osant entreprendre une aussi grande expédition, a rendu impossible le retour de toutes ces horreurs! Les générations futures la béniront, et la vengeront de l'indifférence et de l'injustice des contemporains.

CHAPITRE VII.

Expéditions de Bone et d'Oran. — Voyage à Blida. —
Nouvelles de France. — Effet qu'elles produisent sur
l'armée. — Protestations. — Démissions. — Demandes
de départ. — Changement de drapeau. — Départ de
M. de Bourmont.

La prise d'Alger devait amener nécessai-
rement la soumission de toutes les autres
villes de la Régence. Des députations en-
voyées par les Beys et les différents scheiks
arrivèrent au quartier-général, et protestè-
rent de leur attachement au Roi de France.
On organisa une petite division composée
des 6ᵉ et 49ᵉ de ligne, d'une batterie d'artillerie et d'une compagnie de sapeurs, pour aller
prendre possession de *Bone*. Le commandement en fut donné au général Danrémont.

M. Aimé de Bourmont, capitaine-aide-de-
camp du maréchal, partit pour Oran, dans
le but de recevoir, pour son père, la soumission du Bey de cette province. Il s'acquitta

de sa mission avec une rare intelligence, et suivi d'un détachement de marins choisis dans les équipages des trois bricks formant la division navale, il s'empara du fort de *Merzalquivir* qui défend l'entrée de la petite rade de ce nom, et qui, à proprement dire, est le port d'Oran. Le Bey témoigna le désir de voir arriver des forces imposantes pour le protéger contre les fréquentes excursions des Kabyles, et il montra les meilleures intentions à l'égard des Français.

La population de Blida, petite ville située à huit lieues au sud d'Alger, à la naissance du Petit-Atlas, menacée sans cesse par les Kabyles, envoya plusieurs fois des émissaires au Maréchal pour lui demander des secours. Ces émissaires lui représentèrent que l'armée française depuis son entrée à Alger, n'ayant pas quitté la ville, les Kabyles nous croyaient hors d'état de porter nos armes au-dehors; qu'ils auraient une plus haute idée de notre puissance, s'ils voyaient nos troupes s'avancer jusqu'à l'Atlas. M. de Bourmont desirait d'ailleurs reconnaître la plaine de la Metidja, que depuis long-temps

on lui avait signalée comme la partie la plus
fertile de l'arrondissement d'Alger. Le gouvernement français lui ayant aussi demandé des renseignements sur la possibilité
d'établir des colonies dans la Régence, il
voulait lui répondre avec connaissance de
cause. Ce motif, plus encore que les instances
des habitants de Blida, le décida à faire une
reconnaissance jusqu'à cette ville. Déja les
ordres de départ avaient été donnés, lorsque
la commission du Gouvernement établi à
Alger lui adressa quelques observations et le
pressa de différer l'exécution de son projet
qu'elle regardait comme intempestif, dan-
gereux, et devant faire manquer indubita-
blement l'entrevue des chefs de tribus qui
allaient se rassembler le 25 au cap Matifoux,
pour y traiter la question de la soumission
à la France. On craignit que la révocation
des ordres qui avaient été donnés pour le
départ ne produisît un mauvais effet dans
l'armée, qu'elle ne fût au-dehors attribuée
à la crainte, et on ne tint aucun compte de
ces sages remontrances. Il y avait d'ailleurs
parmi tous les officiers qui devaient faire

partie de cette petite expédition un vif desir de voir du nouveau, et chacun était persuadé qu'avec douze cents hommes on serait
à l'abri de tout échec.

Le commandement des troupes fut donné
au général Hurel; elles se composaient d'un
bataillon d'infanterie légère et de huit compagnies de voltigeurs de la troisième division, de quatre pièces de canon, et d'un
escadron de chasseurs. M. le duc d'Escars
accompagna le Maréchal. L'infanterie et
l'artillerie se mirent en route le 22 au soir,
et bivouaquèrent sur le versant des hauteurs
qui dominent la plaine. L'expédition se remit
en marche le 23 à la pointe du jour, et fut re-
jointe à quatre lieues de Blida par le Maréchal et son état-major, qui avaient quitté
Alger dans la matinée. Il s'était fait suivre
par un convoi de vivres et de munitions. La
marche fut longue et pénible; et quand on
arriva à Blida à six heures du soir, on était
harassé de fatigue. Les habitants accouru-
rent en foule et vendirent à nos soldats les
provisions dont ils avaient besoin. Le Maréchal s'installa dans une maison isolée de

l'enceinte de la ville et entourée de murs ;
les troupes bivouaquèrent dans les jardins
d'orangers qui entourent la ville. Une députation vint protester de sa soumission et contribua à assurer notre sécurité. La nuit fut tranquille.

Les traces du tremblement de terre qui détruisit presque entièrement Blida le 2 mars 1825 existent encore par-tout, et donnent à cette ville un aspect de désolation. Sa population, que l'on porte à quinze mille ames, est industrieuse, et sa situation, qui la rend l'intermédiaire obligé entre Alger et l'intérieur du pays, a beaucoup contribué à sa prospérité. On y fabrique des étoffes, et il s'y fait un grand commerce de grains.

Le lendemain 24, le Maréchal monta à cheval pour reconnaître le côté Ouest de la plaine et la gorge de l'Atlas d'où s'échappe le Ma-za-fran. Il était accompagné de quatre compagnies d'infanterie et d'un peloton de chasseurs. Le général Desprez, suivi de quelques officiers d'état - major, s'engagea dans cette gorge, et ils rencontrèrent bon nombre de Kabyles armés qui les observaient, et qui prirent la fuite à leur approche ; cette circonstance n'attira pas leur attention, parceque les Arabes sont dans l'usage d'être toujours armés pour défendre leurs troupeaux contre les bêtes féroces ou les tribus avec lesquelles ils sont en guerre. Au retour de cette reconnaissance, quelques coups de fusil tirés sur l'arrière - garde commencèrent à donner quelques soupçons.

L'ordre du départ avait été donné pour deux heures ; chacun se livrant aux sensations que faisait éprouver ce beau pays, goûtait le repos à l'ombre des orangers et des arbres de toute espèce qui y abondent, lorsqu'à onze heures quelques coups de fusil se firent entendre ; ils furent suivis de décharges nombreuses, et des cris *aux armes* qui retentirent de toutes parts. Le Maréchal envoya M. de Trélan, son premier aide-de-camp, pour voir ce qui se passait ; cet officier supérieur sortit précipitamment de l'enclos et tomba atteint d'un coup mortel ; il expira peu d'instants après. Ses dernières paroles furent un souvenir pour sa jeune femme et ses deux enfants au berceau.

Les Kabyles se montrèrent de toutes parts, en un instant ils eurent entouré nos bivouacs. Ils voulurent couper la retraite à nos colonnes, mais bientôt elles furent formées en bon ordre, et le mouvement rétrograde commença. Le Maréchal forma son infanterie en colonne serrée, la cavalerie en tête, l'artillerie au centre, et il fit couvrir ses quatre faces par des tirailleurs. Au moment où l'avant-garde, composée de deux compagnies d'infanterie et d'un peloton de chasseurs, débouchait de la ville, elle fut cernée par l'ennemi; mais le capitaine *Chapelié*, de l'état-major-général, se mit à la tête des chasseurs, et se fit jour en tuant à l'ennemi une quarantaine d'hommes. Pendant le trajet, les chasseurs, conduits par leur colonel M. *Bontemps-Dubarry*, exécutèrent plusieurs charges à fond, et laissèrent plus de deux cents Arabes sur le champ de bataille. Trois scheiks furent reconnus au nombre des morts.

Le Maréchal se mit plusieurs fois à la tête

de nos colonnes d'attaque, et donna l'exemple de la bravoure unie au plus grand calme. Le feu ne cessa qu'à la nuit. Pendant les sept heures de marche, la colonne ne fit que quatre lieues, ayant toujours affaire à un ennemi dix fois plus nombreux, ne laissant pas un traîneur en arrière, et emportant avec elle ses blessés et ses morts.

On fit halte sous des figuiers, auprès du premier puits qu'on trouve dans la plaine en allant à Blida, et quelques heures de repos furent données à la troupe. Ce fut là que M. de Boislecomte, major de cavalerie, envoyé en courrier par le Président du Conseil des Ministres, rejoignit M. de Bourmont. Il avait débarqué dans la journée même, et était parti immédiatement pour trouver le Maréchal. Le lendemain 25, les troupes étaient rentrées dans leurs cantonnements.

La journée du 24 nous coûta soixante hommes, dont quinze tués et quarante-cinq blessés. La plupart des hommes tués le furent dans les jardins de Blida, par des coups de fusil tirés sur eux à bout portant. Quatre se trouvaient avec une voiture d'artillerie laissée le 23 en arrière, ainsi que trois compagnies d'infanterie qui s'échelonnaient sur la route suivie par la colonne. Malgré l'ordre que leur avait donné le général Lahitte, ils se mirent en route sans escorte, et ils furent victimes de leur imprudence.

Dans cette circonstance, le général *Hurel* se montra homme de guerre; il retrouva là une journée d'Égypte. On cita comme s'étant particulièrement distingués MM. *Chapelié*, capitaine d'état-major; *Prince de Schwartzemberg*, qui, dans le fort de l'action, mit pied à terre, s'empara du fusil d'un voltigeur qui venait d'être tué, et combattit à sa place dans le rang, au moment où la compagnie chargeait à la baïonnette; le colonel *Bontemps-Dubarry*; les capitaines *Duez* et *Cazin*; les maréchaux-des-logis *Lallemant*, *Poniatowski*, et *Chauvat*; le chasseur *Yung*; les capitaines *Marcotte* et *Reynaud*;

Le lieutenant d'artillerie *de Kergorlay*, le capitaine *Cambray*, et le caporal *Maurice*, des 1er et 9e légers; le lieutenant *Habary* et le sergent *Grobot*, du 30e de ligne; le sergent-major *Lamy*, du 23e; le sous-lieutenant *Her-*

binger, du 34ᵉ; les sergents *Merclé* et *Bataille*, et le voltigeur *Huet* du même régiment.

Un officier de l'état-major-général envoyé à Alger pour diriger quelques troupes à la rencontre du Maréchal, y apporta la nouvelle de ce qui s'était passé à Blida. Elle y produisit une sensation pénible, et chacun ne put s'empêcher d'y voir la prolongation des hostilités.

A son arrivée, le Maréchal convoqua les autorités civiles et les chefs de l'armée; tout le monde sentait la nécessité d'user de sévérité envers les habitants qui seraient convaincus d'avoir des intelligences avec les Beys et les scheiks non encore soumis. On fit des visites domiciliaires pour s'emparer des armes, et on exerça une police sévère aux portes de la ville. Plusieurs Arabes sur lesquels on trouva de la poudre et des balles furent arrêtés; on les traduisit devant un conseil de guerre, et deux d'entre eux condamnés à mort, furent pendus à la porte de Bab-Azoun.

L'expédition de Bone mit à la voile le 25; elle arriva à sa destination le 1ᵉʳ août, et débarqua sans obstacles. Les habitants ouvrirent leurs portes aux troupes françaises, mais elles furent continuellement harcelées par les Kabyles qui vinrent jusque sous les murs de la ville malgré les fortifications qu'on y avait élevées. Plusieurs combats meurtriers eurent lieu, et on leur tua beaucoup de monde. Ce fut dans une de ces affaires que M. de Foucault, commandant l'artillerie de l'expédition, reçut un biscaïen à l'épaule qui le mit hors de combat.

Le 26 juillet on fit à la Cassauba un service funèbre pour M. de Trélan; les honneurs dus à son grade lui furent rendus, et un concours considérable d'officiers de tous les corps l'accompagna au cimetière des chrétiens qui renfermait déja tant de nos frères d'armes! La fin funeste de cet officier avait frappé tout le monde, et on était généralement attristé du nouveau coup qui venait d'être porté à la sensibilité du Maréchal.

Le Roi, voulant donner encore un témoignage de sa satisfaction à M. de Bourmont, sans attendre que le travail des ré-

compenses fût achevé, avait envoyé en
Afrique M. de Vezins, parent du Maréchal,
pour remettre de sa part la croix de Saint-
Louis à ses deux fils Charles et Amédée;
quand il arriva, Amédée n'existait plus; et,
par un sentiment de délicatesse qui fut ap-
précié de tous, M. de Bourmont ne permit
pas à Charles de porter cette décoration, ne
voulant pas que son fils fût le premier officier de l'armée qui reçût la récompense
de ses services.

Pour répondre au vœu émis par le Bey
d'Oran, on organisa une petite division composée des deux bataillons du 21ᵉ de ligne,
d'une batterie d'artillerie, et d'une compagnie de sapeurs. Le commandement en fut
donné à M. de Goutefrey, colonel du 21ᵉ.
Elle mit à la voile du 6 au 7 août.

La petite ville de Boudjiah, située à
quarante lieues à l'Est d'Alger, ayant envoyé des députés pour faire sa soumission à
la France, on voulut s'assurer des bonnes
dispositions de ses habitants. A cet effet M. de
Quatrebarbes, lieutenant d'état-major, eut
ordre d'aller reconnaître et la ville et la

rade; il portait des présents aux chefs du pays, et il devait les engager à rétablir leurs relations commerciales avec Alger. Il mit à la voile le 6 août, avec les députés et plusieurs Maures accompagnés de leurs familles, tous habitants de Boudjiah. A son arrivée, et malgré l'assurance que lui avaient donnée les députés, les batteries de la côte tirèrent sur la corvette qu'il montait, et un des deux députés fut massacré par les Kabyles au moment où il mettait pied à terre. Le plus affreux désordre régnait dans cette ville qui venait d'être pillée, et il lui fut impossible de remplir sa mission ; il se contenta de faire une reconnaissance militaire, en s'approchant le plus près possible de la côte dans une embarcation.

Les nouvelles de France, qui d'ordinaire se succédaient si rapidement, se faisaient attendre depuis les derniers jours de juillet, et on était au 10 août... On commençait à s'en étonner, car aucun vent contraire n'avait pu faire croire à des difficultés venant de la mer; le temps avait été constamment beau, et les bâtiments qui arrivaient des

12

ports d'Espagne et d'Italie entraient sans obstacle dans la baie. Tous les soirs, montés sur les terrasses des maisons, nous regardions la mer dans la direction des côtes de France, et nous cherchions à y voir une voile se dirigeant sur Alger. Tout-à-coup, le 11 au matin, un bruit sinistre se répand à la Cassauba, et vient y troubler la paix et la bonne harmonie qui y régnaient. Des groupes se forment; la consternation est sur toutes les figures. Un brick marchand, expédié de Marseille à M. Sellières, est arrivé la veille au soir, et a apporté la nouvelle d'une révolution en France; à son départ, le drapeau tricolore flottait à Marseille et à Toulon!... On se regarde, on s'interroge; quelques lettres sont arrivées par ce brick, et toutes confirment ce que raconte l'équipage. Tous les yeux sont fixés sur le Maréchal; les esprits s'animent; on demande hautement des explications sur des événements aussi extraordinaires, et l'ordre du jour suivant paraît dans la matinée :

A la Cassauba, le 11 août 1830.

« Des bruits étranges circulent dans l'ar-

« mée. Le Maréchal commandant en chef
« n'a reçu aucun avis officiel qui puisse les
« accréditer. Dans tous les cas, la ligne des
« devoirs de l'armée lui sera tracée *par ses*
« *sermens* et la loi fondamentale de l'état. »

Le laconisme de cet ordre étonna tout le
monde; et dès ce moment, les plus clair-
voyants d'entre nous purent prévoir la tour-
nure que prendraient les choses. On aurait
desiré quelque manifeste plus énergique et
qui répondît mieux à l'anxiété générale.
Peut-être était-il plus prudent de gagner
du temps et de calmer les esprits au lieu de
les irriter; et cependant ce temps était précieux; chaque instant passé dans les incertitudes et les irrésolutions était perdu pour
la défense de la cause royale, et nous apportait la nouvelle de quelque nouveau
désastre. Les officiers les plus dévoués, et ils
étaient nombreux, étaient d'avis qu'on for-
mât une division d'élite, qu'on l'embarquât
avec ou sans l'assentiment de l'Amiral, peu
importait, puisqu'on pouvait disposer d'un
grand nombre de bâtiments de commerce no-
lisés par la maison Sellières, et qu'on allât dé-

barquer sur les côtes de France, où le vent conduirait. Le trône était menacé, la famille royale avait quitté sa résidence avec les débris des forces qui avaient été chargées de maintenir l'ordre dans Paris; telles étaient les nouvelles les plus fraîches. Eh bien! il s'agissait d'aller soutenir ce trône chancelant, et de protéger sur-tout la dynastie contre les audacieuses prétentions du parti vainqueur; on le pouvait encore. L'apparition subite d'une division de l'armée d'Afrique sur le territoire français aurait rallié tous les royalistes; M. de Bourmont, à la tête de cette division, aurait pu sauver la monarchie! Le malheur voulut que d'autres avis prévalussent dans le conseil; et, par une fatalité inconcevable, tout ce qui tendait à faire prendre un parti noble et généreux, fut écarté.

Le temps se passait sans qu'on parût prendre aucune mesure. Seulement on envoya l'ordre aux divisions de Bone et d'Oran de rentrer à Alger. Chaque instant aggravait notre position, car les nouvelles les plus favorables à la révolution arrivaient jour-

nellement de France, et nous laissaient cependant dans l'ignorance la plus complète
sur le sort de la famille royale. Quelques
journaux, imprimés à Paris sous l'influence
des circonstances, ne nous paraissaient pas
devoir fixer nos idées sur les événements;
c'est alors que quelques officiers demandè-
rent à partir pour aller communiquer avec
le Roi, n'importe où il se trouverait, et sans
tenir compte des lois sanitaires; leurs offres
ne furent point accueillies.

Nous avions le désespoir dans l'ame, et
cette armée victorieuse était pour ainsi dire
retenue prisonnière dans les murs mêmes
qu'elle avait conquis, par le manque d'accord entre elle et la marine. La plupart des
officiers de ce corps ne dissimulaient même
pas la joie que leur causaient les événements
de France, et, chose étrange, ils étaient im-
patients de changer de pavillon! Cependant
ce pavillon, dont les couleurs rappelaient
des souvenirs de gloire à ceux d'entre nous
qui avaient fait les guerres de l'Empire, ne
devait être pour la marine que d'un mauvais
augure; car, à l'exception de deux ou trois

combats partiels dans l'Inde, il ne s'y rattachait pour elle que des désastres et les prisons d'Angleterre! Sous le pavillon blanc au contraire la marine française avait toujours été puissante; elle s'était même montrée, à plusieurs époques de la monarchie, supérieure à celle de nos éternels rivaux. Les souvenirs de Navarin auraient dû être encore présents à la mémoire de nos officiers; ils avaient joué un si beau rôle dans le Levant depuis le commencement de la guerre des Grecs! Enfin ce pavillon blanc était devenu en honneur chez toutes les nations; par-tout il protégeait le malheur et servait d'égide aux opprimés.

Depuis la Restauration, nos vaisseaux parcouraient toutes les mers du monde; l'amour de la science conduisait ceux qui les commandaient dans les contrées les plus reculées et les plus ignorées. Des découvertes utiles étaient le résultat de ces voyages scientifiques; enfin la marine française avait acquis par ses travaux, par la protection qu'elle accordait au commerce, par sa belle conduite dans le Levant, et par ses exploits,

une haute réputation. Elle la devait entièrement à la Restauration, aux quinze années
de paix qui l'avaient suivie; un avancement
extraordinaire parmi les officiers en avait
été la conséquence; et tous ces bienfaits
étaient oubliés! et l'étendard de la révolte
allait être salué avec transport par ces mêmes
officiers! Ah! que nous eûmes à souffrir de
l'ingratitude de ceux qui avaient été com-
blés par le pouvoir renversé! Dès ce moment
il y eut scission dans l'armée. Ceux d'entre
nous qui déploraient les malheurs de la famille qui venait de donner quinze ans de
prospérité à notre patrie, virent avec effroi l'avenir qui était réservé à la France. Ils
se séparèrent de ceux qui étaient décidés à
adopter toutes les conséquences de la révolution.

Le discours du *Lieutenant-général du
Royaume*, lors de l'ouverture de la session,
fut lu avec avidité; on le commenta, et tout
le monde, à l'exception d'un très petit nombre d'individus qui probablement étaient
dans le secret de ce qui devait se passer en
France, tout le monde, dis-je, chercha à y

trouver des garanties en faveur de l'héritier
de la couronne. Ces mots, *tous les droits seront reconnus*, furent accueillis avec transport comme une dernière espérance ; les
événements ont prouvé depuis combien
notre erreur était grande !

La marine avait des ordres précis pour
prendre le pavillon tricolore ; mais l'Amiral
fit dire au Maréchal que la flotte ne change-
rait de pavillon que lorsque le signal en serait donné par la terre. Tous les bâtiments
arrivant de France amenaient même le pavillon tricolore lorsqu'ils étaient en vue de
la baie, et hissaient le pavillon blanc.

Plusieurs conseils de guerre eurent lieu à
ce sujet, et les discussions y furent très animées ; des officiers-généraux y exprimèrent
les sentiments les plus nobles, et protestè-
rent hautement contre tout ce qui serait fait
de contraire aux intérêts du jeune Prince
devenu Roi par le fait de l'abdication de son
grand-père et de son oncle.

Toute l'armée admira la noble conduite
de M. le duc d'Escars, qui à la première nouvelle des désastres de la famille royale, ne

songea qu'à aller rejoindre le Prince qui depuis son enfance l'avait honoré de son amitié. Elle vit avec regret que ce bel exemple ne fût pas suivi par un autre officier-général qui jouissait auprès du même Prince d'une faveur illimitée.

Les démissions devinrent nombreuses, et le quartier-général était encombré d'officiers de tous grades qui demandaient à retourner en France, puisqu'il n'était plus possible de rien faire à Alger pour la cause royale. Ils étaient loin de se douter que trois jours suffiraient pour abattre un trône auquel tant d'intérêts se rattachaient, et que tant de gens avaient juré de défendre jusqu'à la mort.

On ne consentait que difficilement à accorder les demandes de départ, car on craignait l'effet que produiraient sur les troupes ces protestations franches et loyales de la part de ceux qui les avaient conduites à la victoire.

Plusieurs régiments avaient résolu de ne pas changer de cocarde; dans quelques autres une grande quantité d'officiers et de

sous-officiers s'étaient donné leur parole de
n'adopter aucun changement; l'armée était
donc à la veille d'être déchirée par les dis-
sensions. Un conseil de guerre eut lieu le
15 août chez le Maréchal, et il y fut décidé
qu'on attendrait des nouvelles plus posi-
tives de France pour changer de drapeau;
car il y avait pour nous bien des proba-
bilités en jeu : les droits du *Duc de Bordeaux* étaient sacrés; le *Lieutenant-général
du Royaume* devait avoir un parti nombreux; les *vieux Républicains* relevaient leur
tête courbée pendant les dix années de l'Empire et les quinze années de la Restauration;
le *Duc de Reichstadt* lui-même avait quelque
chance, car les souvenirs de son père étaient
encore présents à la mémoire de tous ceux
qui avaient combattu sous lui, et dans ce
nombre se trouvaient de grandes capacités
militaires. Tous ces partis devaient se dispu-
ter le pouvoir, et il était à craindre qu'on ne
reçût d'un moment à l'autre la nouvelle de
l'installation d'un nouveau Gouvernement,
avant qu'on n'eût pris une résolution. On
voulut donc sauver les apparences, et malgré

ce qui avait été résolu au dernier conseil de
guerre, il fut décidé entre le Maréchal et
l'Amiral que le drapeau tricolore flotterait
sur la Cassauba le 17 au matin.

L'armée fut prévenue indirectement de
ce changement; on le lui annonça comme
une concession faite aux circonstances, mais
qui ne devait nuire en rien aux droits du
jeune Prince seul héritier légitime de la
couronne de France.

Le 17 au matin, les régiments furent as-
semblés; on leur lut pour la forme l'abdication du Roi et du Dauphin en faveur du duc
de Bordeaux ; les soldats restèrent muets, et
le nouveau drapeau ne fut salué d'aucun
cri.

Le Maréchal crut qu'un dernier devoir
lui restait à remplir; il fit violence à ses propres sentiments, et ne se montra pas moins
grand dans cette circonstance désastreuse
qu'il avait été habile pendant la campagne.
Il voulut remettre lui-même entre les mains
de son successeur l'armée qui lui avait été
confiée, et qu'il avait su conserver discipli-
née et résignée aux évènements.

Le 2 septembre il fit ses adieux en ces termes :

ORDRE DU JOUR.

2 septembre 1830.

« M. le lieutenant-général *Clausel* vient « prendre le commandement en chef de « l'armée. En s'éloignant des troupes dont la « direction lui a été confiée dans une cam- « pagne qui n'est pas sans gloire, le Maré- « chal éprouve des regrets qu'il a besoin de « leur exprimer. La confiance dont elles lui « ont donné tant de preuves l'a pénétré d'une « vive reconnaissance : il eût été heureux « pour lui, qu'avant son départ, ceux dont il « a signalé le dévouement en eussent reçu le « prix ; mais cette dette sera acquittée, le « Maréchal en trouve la garantie dans le « choix de son successeur ; les titres qu'ont « acquis les militaires de l'armée d'Afrique « auront désormais un défenseur de plus. »

Le lendemain M. de Bourmont s'embarqua à bord d'un brick autrichien qu'il fut obligé de noliser à ses frais, la marine lui ayant refusé un bâtiment. Deux matelots suffirent pour emporter ses équipages, et l'on vit celui qui, trois mois auparavant, avait traversé la mer à la tête de la plus belle flotte que la France ait jamais eue, s'éloigner tristement de cette terre, théâtre de sa gloire et d'inconsolables douleurs. De tant de millions de la conquête il n'emportait qu'un seul trésor, le cœur embaumé de son malheureux fils!...

Ici finissent les principaux événements de cette campagne étonnante, dont la nouvelle n'a dû parvenir en certains états qu'au moment de la chute du souverain qui l'avait entreprise. Puisse le bien que l'humanité doit en recueillir être une consolation pour le cœur du malheureux Prince qui pour la troisième fois est sur la terre d'exil! Son ame religieuse doit éprouver une bien douce satisfaction en pensant qu'il a délivré les chrétiens de tous les maux qui les attendaient dans l'esclavage, et qu'il a détruit à jamais une puissance qui était l'effroi et la honte de l'Europe.

TABLEAUX

DE

L'ORGANISATION DE L'ARMEE.

TABLEAU
DE LA COMPOSITION DE L'ARMÉE D'AFRIQUE.

ÉTAT-MAJOR GÉNÉRAL.

OFFICIERS-GÉNÉRAUX — EMPLOIS.	GRADES.	CHEFS D'ÉTAT-MAJOR ET DE SERVICE.	OFFICIERS D'ÉTAT-MAJOR, AUTRES OFFICIERS FONCTIONNAIRES.	AIDES DE CAMP.	OFFICIERS D'ORDONNANCE.	HOMMES Officiers.	HOMMES Troupe.	HOMMES Total.	CHEVAUX d'officiers.	CHEVAUX de troupe.	CHEVAUX de trait.	CHEVAUX Total.	CHEVAUX à embarquer.
Commandant en chef.	S. S. le Cte DE BOURMONT, lieutenant-général.			De Trélan, chef de bat. / De Bourmont, capitaine.	De La Myre, capitaine. / D'Artel, idem. / D'Ault Dumesnil, lieut. / De Maillé, idem. / De Biencourt, idem.	8	»	8	19	»	6	25	23
Chef d'état-major.	Desprez, lieut.-génér.			De Moncarville, ch. de b. / Minangoy, capitaine.	De Trélo, lieutenant.	4	»	4	11	»	4	15	12
Sous-chef d'état-major.	Baron Tolozé, maréchal-de-camp.			Sol, capitaine. / Bernard, lieutenant.		3	»	3	7	»	2	9	7
État-major général.			Jaclereau de St. Denis, col. / Auvray, lieutenant-col. / L'Herminier, ch. de bat. / De Moulivault, id. / Fernel, id. / Perrin Solliers, id. / De Lupnéville, capit. / Boyer, id. / Chapelié, id. / Pelissier, id. / Berger, id. / De Mansion, id.			12	»	12	26	»	»	26	24
Officiers à la suite du quartier-général.			De Bartillat, colonel. / De Carné, chef de bat. / Prince de Chalais, lieut. / De Bellevue, id. / De Béthisy, id. / De Nouilles, id.			6	»	6	13	»	»	13	8
Ingénieurs-géographes.		Filhon, capitaine.	Levret, lieutenant. / Rozet, id. / Ollivier, id.			4	»	4	»	»	»	»	»
Interprètes et guides.						25	»	25	»	»	»	»	»
Administration.	Intendance militaire.	baron DENNIÉE, intendant en chef.	Baron de Seruett, s. int. / Comte de Fontenay, id. / Satigny, id. / Champigny, id. / Lambert, id.			6	»	6	16	»	12	28	12
						68	»	68	92	»	24	116	86

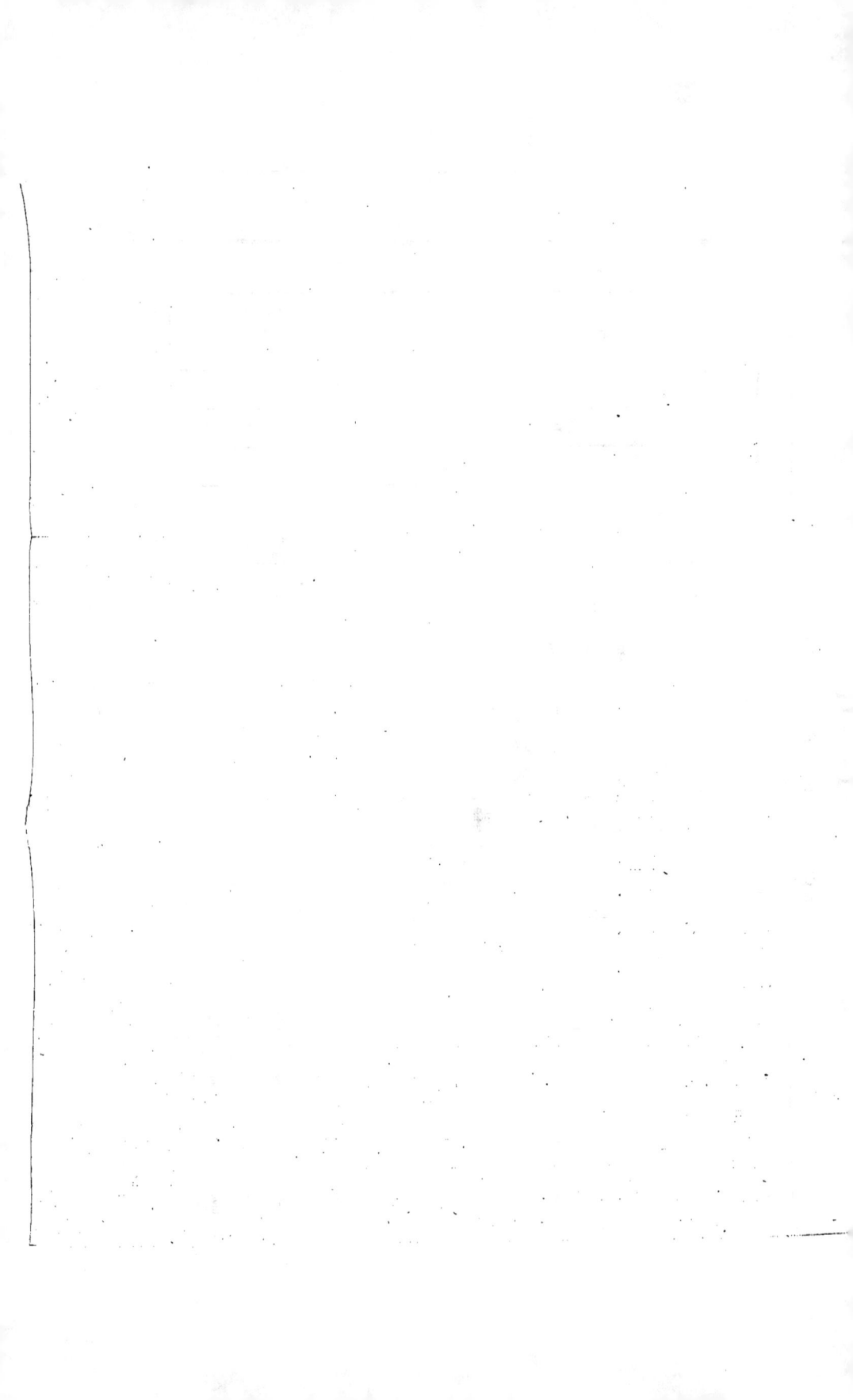

SUITE DE L'ÉTAT-MAJOR GÉNÉRAL.

SERVICES ADMINISTRATIFS.	CHEFS D'ÉTAT-MAJOR ET DE SERVICE.	OFFICIERS D'ÉTAT-MAJOR, ATTACHÉ OFFICIERS FONCTIONNAIRES.	AIDES DE CAMP.	OFFICIERS D'ORDONNANCE.	EFFECTIF							CHEVAUX à embarquer.
					HOMMES			CHEVAUX				
					Officiers.	Troupe.	Total.	d'officiers.	de troupe.	de trait.	Total.	
		Report de l'autre part.......			68	»	68	92	»	24	116	86
Suite ...istration ... Intendance militaire....		Orville, sous-intendant. / Bruguière, id. / D'Arnaud, id. / Charpentier, id. / Évrard de St. Jean, id. / Belaghel, id. / Frossé, id.										
		De Limoges, id. / Barbier, id. / Raynal, id. / Dubois, id. / Merle, id.			13	»	13	24	»	23	47	30
...stration........ Trésor...........	Firino, payeur génér.	Payeur principal, 1 / Chef de comptabilité, 3 / Payeurs de divisions, 3 / Adjoints, 7			13	»	13	28	»	19	47	28
...stration.... Subsistances militaires	De Lisle Ferme, direct. / Breidt, id.	Commis et agents, 81			83	»	83	30	»	»	30	2
Habillem. et campem.	Lasserre, inspecteur.	Gard. magas. com., 16			17	»	17	5	»	»	5	1
Médecins...........	Roux, médec. en chef / Stephanopoli, princip.	Médecins ordinaires, 10 / id. adjoints, 10			22	»	22	23	»	»	23	2
de santé.... Chirurgiens........	Maurichau, en chef / Chevreau, principal.	Majors, 16 / Aides-majors, 24 / Sous-aides-majors, 116			158	»	158	159	»	»	159	2
Pharmaciens........	Charpentier, chef / Juving, principal.	Majors, 10 / Aides-majors, 20 / Sous-aide-majors, 58			90	»	90	91	»	»	91	2
Officiers d'administr.	Michel, en chef / Bitce, principal.	Officiers comptables, 14 / Adjudants, 54 / Sous-adjudants, 32			102	»	102	72	»	»	72	2
Direction du bureau central......		Garçons de caisse, 6 / id. de bureau,			1	6	7	2	»	2	4	»
...itographique. Chef de bureau....		Commis aux écritures, 1 / Ouvriers, 2			2	2	4	»	»	»	»	»
		TOTAL DE L'ÉTAT-MAJOR GÉNÉRAL.......			569	8	577	527	»	68	595	158
...blique........ Prévôté...........	De Neuilly, lieut.-col.	Capitaine, 1 / Lieutenants, 5 / S.-offic. et Gendar., 120			7	120	127	10	25	1	36	35

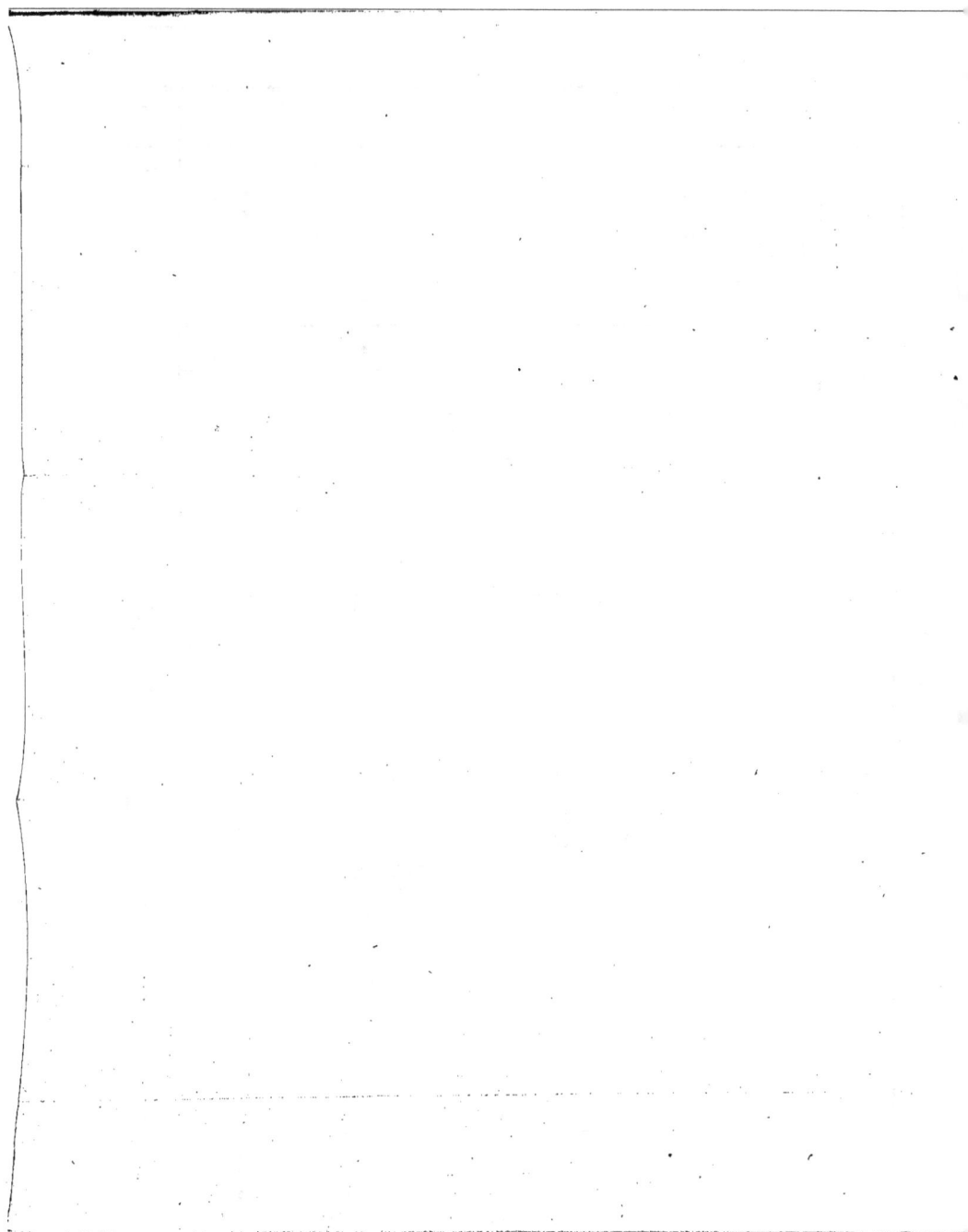

INFANTERIE.

NUMÉROS des DIVISIONS.	OFFICIERS-GÉNÉRAUX.	CHEFS D'ÉTAT-MAJOR et CHEFS DE SERVICE.	AIDES DE CAMP et OFFICIERS D'ÉTAT-MAJOR	OFFICIERS D'ORDONNANCE.	CORPS et DÉTACHEMENTS.	COLONELS et CHEFS DE CORPS.	HOMMES Officiers	HOMMES Troupe	HOMMES Total	CHEVAUX d'officiers	CHEVAUX de troupe	CHEVAUX de trait	CHEVAUX Total	CHEVAUX à embarquer.
	Baron Berthezène, lieutenant-général.	De Brossard, colonel.	Létier, capitaine. Barchou, id.	Crevel, capitaine.			4	»	4	10	»	4	14	12
			Hevreu, chef de b. Rivière, capitaine Duhamel, id. D'Estabenrath, id				5	-	5	11	»	1	12	11
						État-major des brigades.	9	»	9	21	»	6	27	21
							18		18	42		11	53	44
1re Brigade. Poret de Morvan.			Beauquet, capitaine.	Cerfberr, sous-lieut.	2e et 4e léger.	De Precheville.	60	1654	1714	15	»	4	19	15
					3e de ligne.	Roussel.	60	1654	1714	14	»	4	18	14
division.							190	3308	3498	29		8	37	29
2e Brigade. Baron Achard.			De Rospiec, capit. De Laplace, lieut.		14e de ligne.	D'Armaillé.	60	1654	1714	14	»	4	18	14
					37e de ligne.	De Feuchères.	60	1654	1714	14	»	4	18	14
							120	3308	3428	28		8	36	28
3e Brigade. Baron Clouet.			Senilhes, capitaine.	De Béaru, sous-lieut.	20e de ligne.	Horric.	60	1654	1654	14	»	4	18	14
					28e de ligne.	Monnier.	60	1654	1654	14	»	4	18	14
							190	3308	3428	28		8	36	28
						Total de la division.	360	9924	10284	85		24	109	85
	Comte Loverdo, lieutenant-général.	Jacobi, colonel.	Courcenet, ch. de bat. Dubreton, capitaine. Aupick, chef de bat. Perrot, capitaine. Courad, id. Eynard, id.	De Saint-Mars, capit.			4	»	4	10	»	4	14	12
							5	-	5	11	»	1	12	11
						État-major des brigades.	9	»	9	21	»	6	27	21
							18		18	42		11	53	44
vision.	1re Brigade. Baron d'Anemont.		Foy, capitaine.	De Vogüé, sous-lieut.	6e de ligne.	De la Villegille.	60	1654	1714	14	»	4	18	14
					49e de ligne.	Maguan.	60	1654	1714	14	»	4	18	14
							120	3306	3498	28		8	36	28
	2e Brigade. Munck d'Uxen.		Sicard, lieutenant.	Riban, capitaine.	15e de ligne.	Mangin.	60	1654	1714	14	»	4	18	14
					48e de ligne.	Lésidan.	60	1654	1714	14	»	4	18	14
							120	3306	3428	28		8	36	28

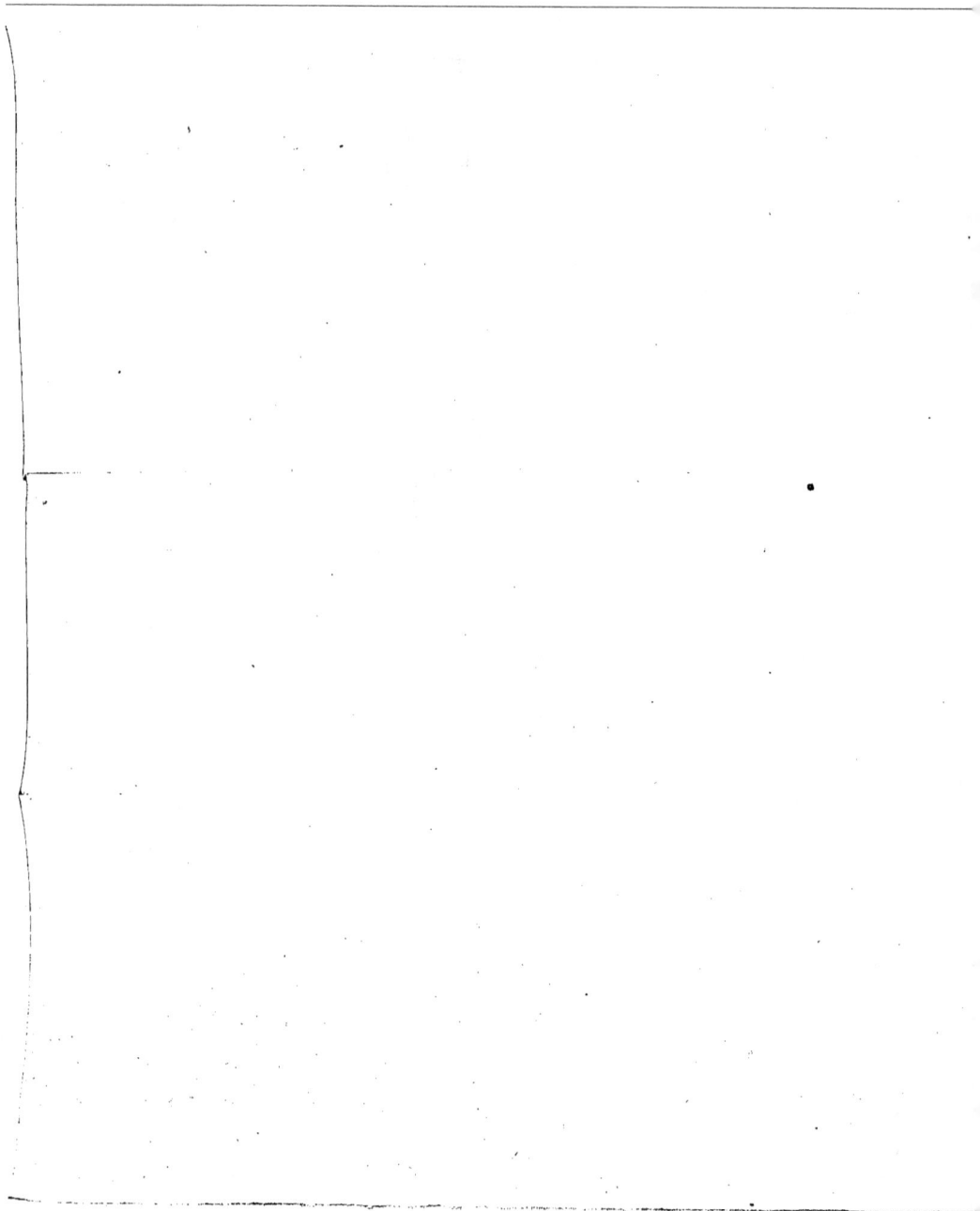

SUITE DE L'INFANTERIE.

NUMÉROS des DIVISIONS	OFFICIERS-GÉNÉRAUX	CHEFS D'ÉTAT-MAJOR et CHEFS DE SERVICE	AIDES DE CAMP et officiers d'état-major	OFFICIERS D'ORDONNANCE	CORPS et DÉTACHEMENTS	COLONELS et CHEFS DE CORPS	EFFECTIF							
							HOMMES			CHEVAUX				CHEVAUX à embarquer.
							Officiers.	Troupe.	Total.	d'officiers.	de troupe de trait.	de trait.	Total.	
3e Brigade. COLONEL D'ARCINES		Golschik, capitaine.		De Fezensac, s.-lieut.	91e de ligne	De Gondrefroy	60	1654	1714	14	»	4	18	14
					29e de ligne	De Lachau	60	1654	1714	14	»	4	18	14
							120	3308	3428	28	»	8	36	28
					TOTAL de la division		360	9925	10284	84	»	24	108	84
	Duc d'Escars, lieutenant-général.	Baron Petiet, colonel.	Borne, chef de bat. Surinau, capitaine.	De Lorge, capitaine.			4	»	4	10	»	4	14	12
			Prétot, chef de bat. De Taunay, capitaine. De Labouère, capit. De Lavédrine, capit.				5	»	5	11	»	1	12	11
					État-major des brigades		9	»	9	41	»	6	27	21
							18	»	18	42	»	11	53	44
1re Brigade. Vicomte DE BERTIER			De Fleury, capitaine.	Bertier, lieutenant.	9e et 1er léger	De Neuchèze	60	1654	1714	15	»	4	19	15
					35e de ligne	De Rulhières	60	1654	1714	14	»	4	18	14
							120	3308	3428	29	»	8	37	29
2e Brigade. Baron Huber			Delmotte, capitaine.	Carial, sous-lieut.	17e de ligne	Duprat	60	1654	1714	14	»	4	18	14
					30e de ligne	Beaupré	60	1654	1714	14	»	4	18	14
							120	3308	3498	28	»	8	36	28
3e Brigade. Comte DE MONTLIVAULT			Barbier de Tinan.	De Rougé, sous-lieut.	23e de ligne	De Montboisier	60	1654	1714	14	»	4	18	14
					34e de ligne	De Roucy	60	1654	1714	14	»	4	18	14
							120	3308	3428	28	»	8	36	28
					TOTAL de la division		360	9924	10284	85	»	24	109	85
					TOTAL de l'état-major des troupes		54 / 1080	» / 30852	54 / 30852	126 / 254	»	33 / 72	159 / 326	132 / 254

CAVALERIE.

CHASSEURS D'AFRIQUE, composés d'un escadron du 13e et le deux du 17e.						BONTEMP-DUBARRY, colonel du 17e chasseurs.	33	501	534	47	456	»	504	506

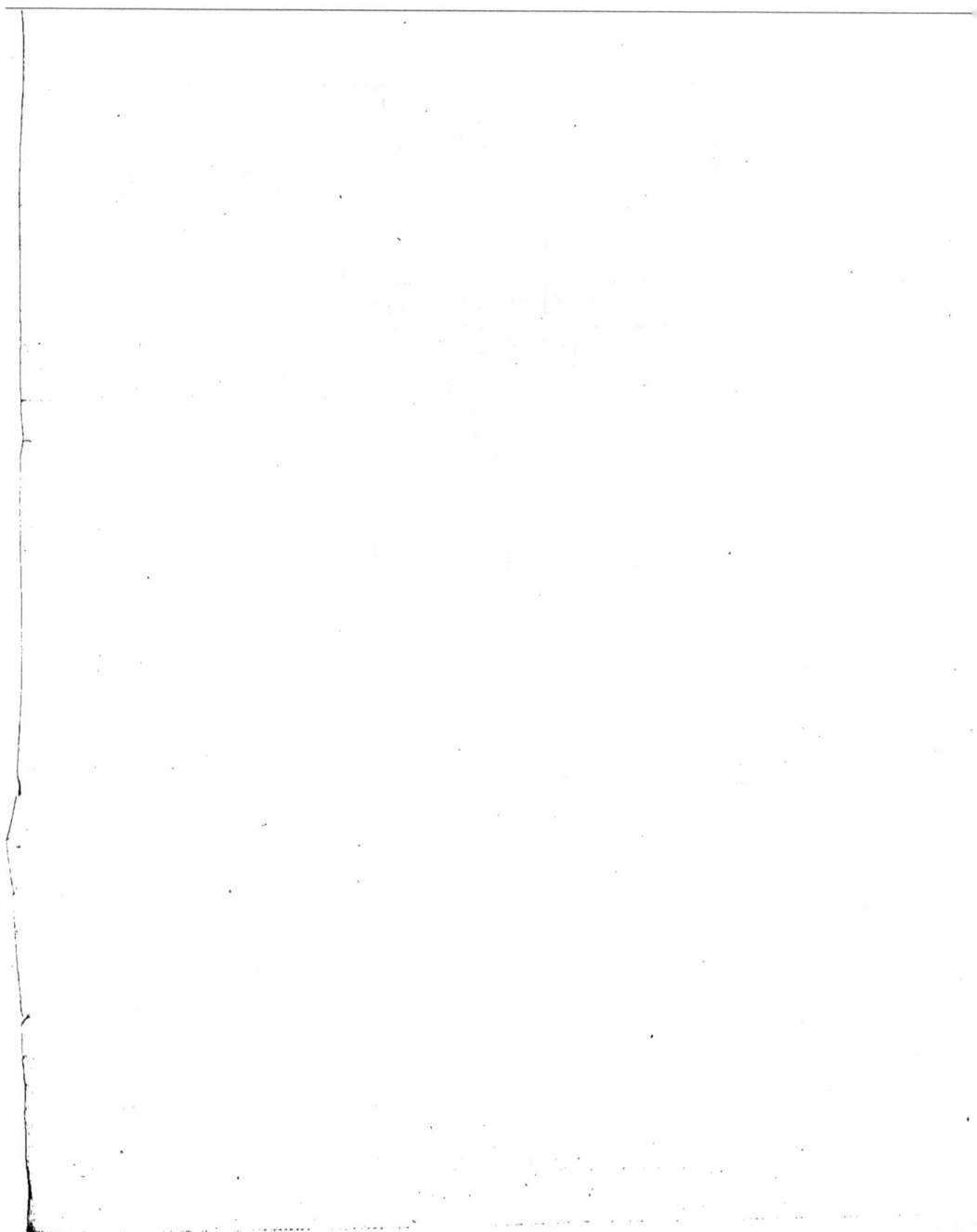

ARTILLERIE.

ORGANISATION des CORPS	OFFICIERS-GÉNÉRAUX	CHEFS D'ÉTAT-MAJOR et CHEFS DE SERVICE	AIDES DE CAMP et OFFICIERS D'ÉTAT-MAJOR	OFFICIERS D'ORDONNANCE	CORPS et DÉTACHEMENTS	COLONELS et CHEFS DE CORPS	HOMMES Officiers	HOMMES Troupe	HOMMES Total	CHEVAUX d'officiers	CHEVAUX de troupe	CHEVAUX de trait	CHEVAUX Total	CHEVAUX à embarquer
ajor.	Vicomte de Lahitte, maréchal-de-camp.		Malchart, capitaine; De Julvécourt, chef d'escadron; Admirault, id.; Legrand, id.; Romessin, id.; De Foucault, id.; Molin, id.; Bousson, id.; De Camin, capitaine; Le Gagneur, id.; Labeaune, id.; Bonnet, id.; De Sainte-Foy, id.; Marcy, id.	DeSalle, lieut.			3		3	7		2	9	7
		D'Eschabes, colon., chef d'état-major; Fagerié, lieut.-colonel, directeur du parc de siège.	Aides-maj. d'ét. maj.; Chirurgien-major; Aides.				15		15	32		1	33	32
					Gardes d'artillerie		6		6	6			6	6
					Maître artificier		1		1	1			1	1
					Artistes vétérinaires		2	10						
								1						
								3						
							27	14	41	46			49	45
es.					4e batterie du 9e	Auchinelle, capit.	4	171	175	4	17	144	165	165
					4e id. du 9e	Dieu, id.	4	171	175	4	17	144	165	165
					4e id. du 7e	Mairel, id.	4	170	174	4	16	144	164	164
					4e id. du 9e	Lami, id.	4	170	174	4	16	144	164	164
							16	682	698	16	66	576	658	658
gue.					10e batterie du 9e	Lelièvre, capitaine.	4	100	104					
					11e id. du 9e	Fleurois, id.	4	100	104					
					10e id. du 3e	Collinet, id.	4	100	104					
					11e id. du 4e	Olry, id.	4	100	104					
					10e id. du 4e	AubertVincelles, id.	4	100	104					
					11e id. du 7e	Coteau, id.	4	100	104					
					10e id. du 9e	Moquard, id.	4	100	104					
					11e id. du 9e	Ferandy, id.	4	100	104					
					11e id. du 9e	Robert, id.	4	190	194					
					11e id. du 9e	Tasse, id.	4	100	105					
							40	1000	1040					
es.					3e compagnie	Lejeune, capitaine.	4	100	104					
					4e compagnie	Grégoire, id.	4	59	63					
.					État-major		1	2	3	2			4	4
					1re comp. du 3e escad.	Aïn, capitaine.	2	92	94	2	14	136	152	152
					2e id.	Papier, id.	2	92	94	2	14	136	152	152
					3e id.	Poquard, id.	2	92	94	2	14	136	152	152
					4e id.	Caron, id.	2	135	137	2	17	172	191	191
							9	413	422	10	61	580	651	651
ces.					de l'état-major des troupes		27	14	41	46		3	49	46
					TOTAL GÉNÉRAL		73	2254	2327	96	127	1156	1309	1309

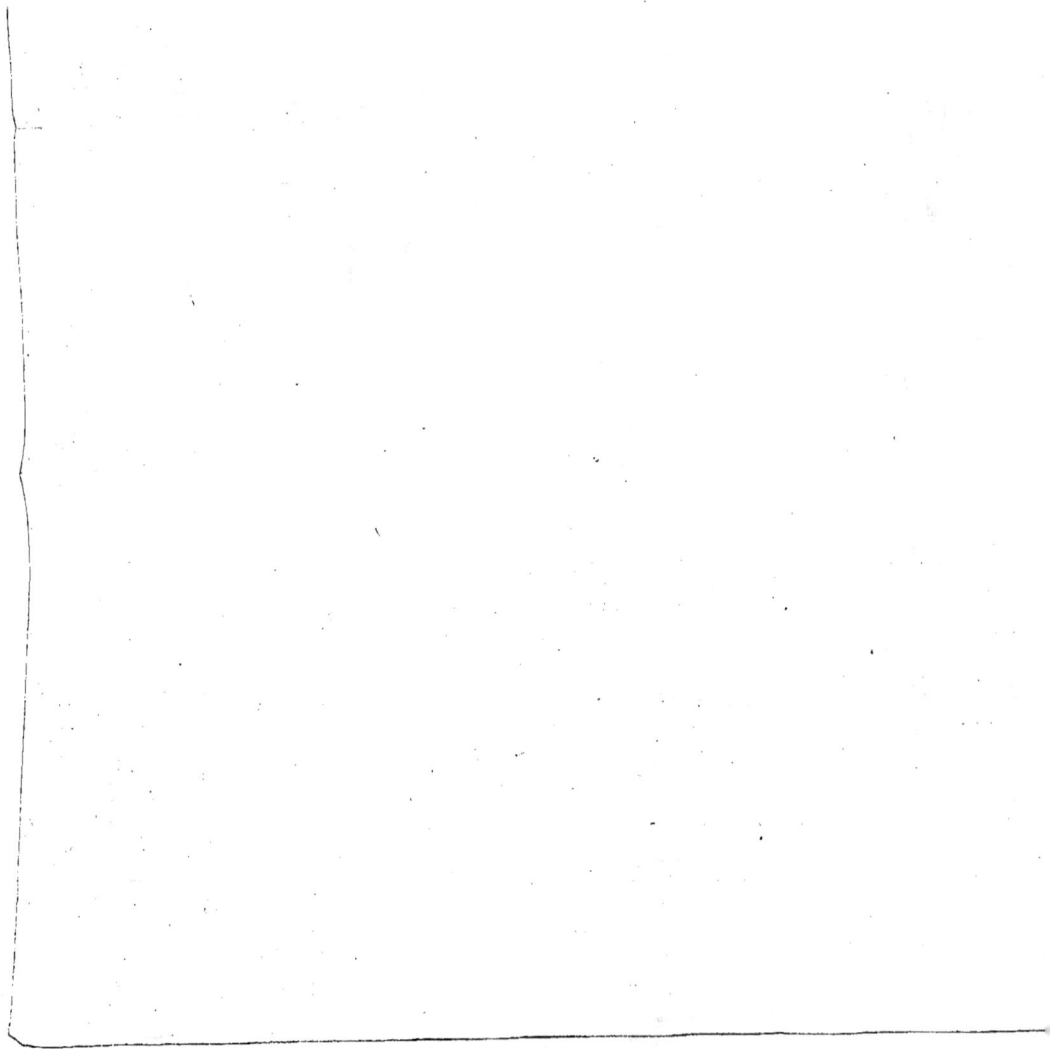

GÉNIE.

DÉSIGNATION des CORPS.	OFFICIERS-GÉNÉRAUX.	CHEFS D'ÉTAT-MAJOR et CHEFS DE SERVICE.	AIDES DE CAMP et officiers d'état-major.	OFFICIERS D'ORDONNANCE.	CORPS et DÉTACHEMENTS.	COLONELS CHEFS DE CORPS.	HOMMES Officiers	HOMMES Troupe	HOMMES Total.	CHEVAUX d'officiers de troupe	CHEVAUX de trait	CHEVAUX Total.	CHEVAUX à embarquer.
État-major	Baron Valazé, maréchal-de-camp	Baron Dupau, lieutenant-colonel, chef d'état-major. Lemercier, chef de bataillon, directeur du parc.	Gay, capitaine. Chaubaud, chef de b. Vaillant, id. Bournier, capitaine. Collas, id. Gallice, id. D'Oussières, id. Guize, id. Morin, id. Duvivier, id. Gautier, id. De Montfort, id. D'Épremont, id. Chaband Latour, id. Houessel, id. Ribot, id. Foureau, id. Desessart, id. Bigot, lieutenant. De Béville, id. De Bouscarem, id.	....			2	»	2	5	»	7	»
							22	»	22	27	»	20	16
					Gardes du génie		24	7	31	32	3	35	30
Mineurs et Sapeurs.					État-major et détach. du 1er régim.	Lenoir, chef de bat. Poyet, adjud.-maj.	4	2	6	5	4	9	9
					Comp. de min., 1er rég.	Romphur, capit.	4	150	154	2	»	2	2
					1re comp. de sap., 1er.	Simon, id.	4	150	154	2	»	2	2
					2e id.	Gibon, id.	4	150	154	2	»	2	2
					3e id.	Chesnean, id.	4	150	154	2	»	2	2
					4e id. du 2e rég.	Vandelin, id.	4	150	154	2	»	2	2
					5e id. du 2e rég.	Challaye, id.	»	150	154	2	»	2	2
					Comp. de min., 3e rég.	Carrier, id.	»	150	154	2	»	2	2
					4e comp., id.	Dautheville, id.	»	150	154	2	»	2	2
							36	1202	1258	21	4	25	25
					État-major		2	6	8	2	»	6	6
					Troupe		»	64	64	»	8	102	102
							2	70	72	2	12	108	108
							24	7	31	32	»	35	30
					Total général		38	1272	1310	23	93	133	133

TROÙPES D'ADMINISTRATION.

Désignation	Officiers	Troupe	Total	Chevaux d'officiers	Chevaux de troupe	Chevaux de trait	Chevaux Total	Chevaux à embarquer
Ouvriers d'administration — Détachement composé de :								
État-major	3	5	8					
4 compagnies	12	808	820					
(ensemble)	15	813	828	»	»	10	10	10
Train des équipages militaires — Un état-major, quatre compagnies, et un cadre de compagnie :								
État-major	3	»	3	4	»	»	4	4
Pour les caissons à 2 roues (2ᵉ compagnie)	5	195	200	6	29	280	315	315
Idem (4ᵉ compagnie)	5	208	213	6	29	306	341	341
Service des mulets (5ᵉ compagnie)	4	197	201	5	23	290	318	318
Idem (6ᵉ compagnie)	4	197	201	5	23	290	318	318
Transport à loyer (1ʳᵉ compagnie)	5	28	33	6	28	»	34	34
(ensemble)	26	825	851	32	132	1166	1330	1330
Service des postes et du trésor	»	45	45	»	5	40	45	45

RÉCAPITULATION.

Désignation	Officiers	Troupe	Total	Chevaux d'officiers	Chevaux de troupe	Chevaux de trait	Chevaux Total	Chevaux à embarquer
États-majors								
général	569	8	577	527	»	68	595	158
des divisions	54	»	54	126	»	33	159	132
de l'artillerie	27	14	41	46	»	3	49	45
du génie	24	7	31	32	»	3	35	30
Force publique	7	120	127	10	25	1	36	35
(ensemble)	681	149	830	741	25	108	874	400
Troupes								
infanterie	1080	29772	30852	254	»	72	326	254
cavalerie	33	501	534	47	456	»	503	503
artillerie	73	2254	2327	26	127	1156	1309	1309
génie	38	1272	1310	23	12	98	133	133
(ensemble)	1224	33799	35023	350	595	1326	2271	2199
Administration, transports militaires, postes et trésor								
ouvriers d'administration	15	813	828	»	»	10	10	10
train des équipages militaires	26	825	851	32	132	1166	1330	1330
service des postes et trésor	»	45	45	»	5	40	45	45
(ensemble)	41	1683	1724	32	137	1216	1385	1385
TOTAL	1946	35631	37577	1123	757	2650	4530	3984

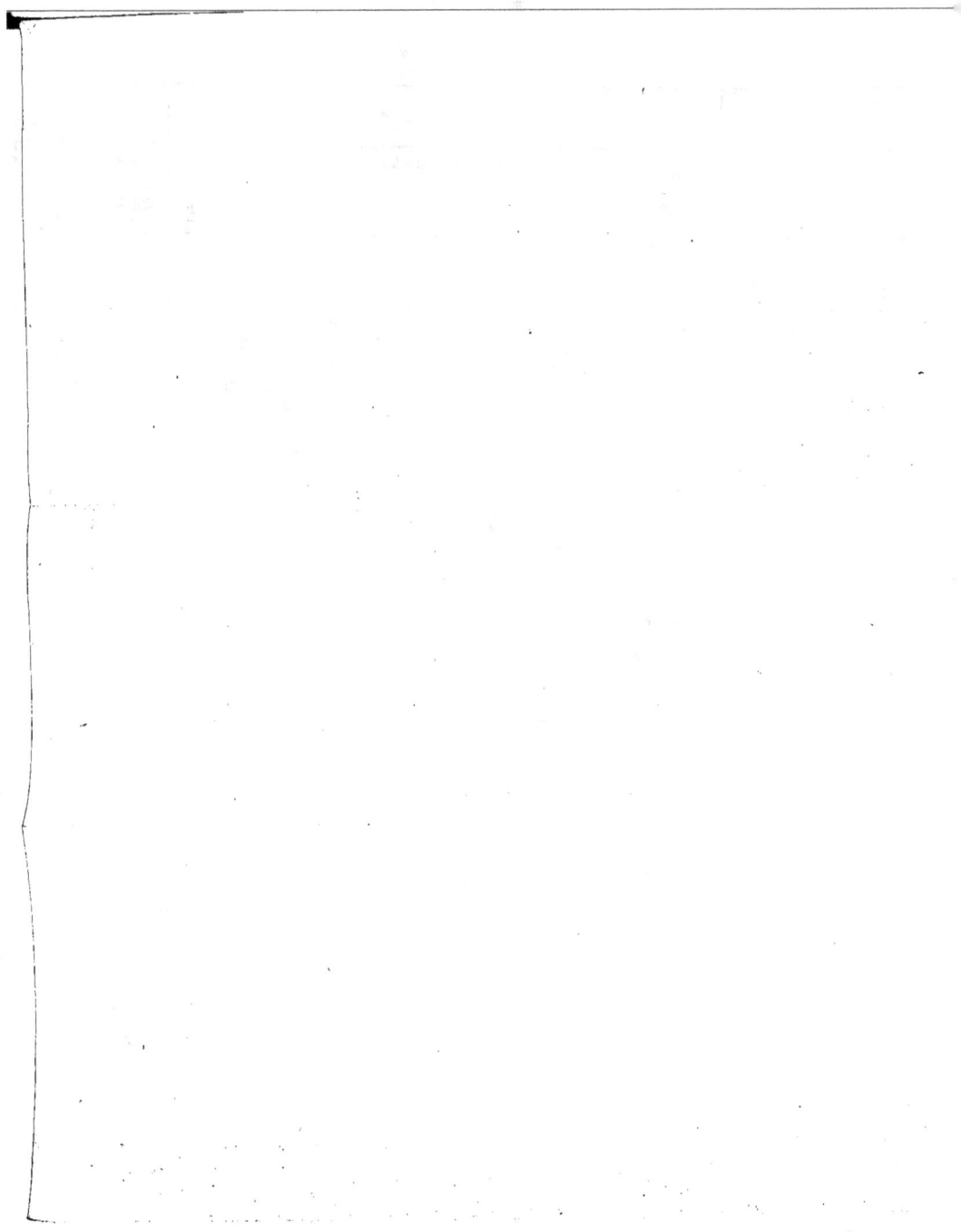

MATÉRIEL DE L'ARTILLERIE.

4 BATTERIES DE CAMPAGNE, montées, composées chacune de......
- 4 canons de 8.........
- 2 obusiers de 24......
- 8 caissons de 8........
- 4 caissons d'obusiers de 24..
- 2 caissons à cartouches d'infanterie.
- 1 affût de rechange....
- 2 chariots de batteries....
- 1 forge....

→ chaque bouche à feu était approvisionnée à 500 coups.

1 BATTERIE DE MONTAGNE composée de......
- 24 voitures.
- 6 obusiers de 12......

→ chaque obusier était approvisionné à 200 coups.

1 ÉQUIPAGE DE SIÈGE composé de 82 bouches à feu en bronze, savoir :

Désignation	Nombre	Observations
Canons { de 24	30(a)	chaque canon était approvisionné à 1000 coups, chaque obusier et chaque mortier à 800.
{ de 16	20(b)	(a) à prendre, 20 à Bayonne, 6 à Brest, 4 à Perpignan.
{ de 12	12(c)	(b) id. 10 à Bayonne, 10 à Toulouse.
Obusiers de 8	12(d)	(c) id. à Toulouse.
Mortiers de 10 à la Gomer	8(e)	(d) commandés dans les fonderies de Strasbourg et Toulouse.
		(e) à prendre à Bayonne.
Affûts avec avant-train { à canons { de 24	38³	Ancien modèle.
{ de 12	25⁴	nouveau modèle.
{ à obusiers de 8 et de 24	16⁵	à prendre 18 à Toulouse, 20 à Grenoble.
{ à mortier de 10*, à la Gomer	10⁷	4 id. 17 id.
chariots { porte-corps (nouveau modèle)	20⁶	8 à Bayonne, 6 à Perpignan.
{ de parc et à munitions	100⁹	5 à Grenoble, 10 à Auxonne.
charrettes nouveau modèle	20¹⁰	id.
Voitures chariots de bat. { pour outils d'ouvriers (chargés)	2	10 à Toulouse, 10 à Grenoble.
{ outils tranchants (chargés)	3	50 à Bayonne, 50 à Perpignan.
{ outils d'artifice (chargés)	1	à Toulouse.
Forges de campagne (nouveau modèle) artillerie	10	id.
Projectiles boulets { de 24	30,000	à prendre 20,000 à Toulon et 10,000 à Toulouse.
{ de 16	20,000	à prendre à Toulon.
{ de 12	14,000	
obus de 8*	9,000	à prendre 2,400 à Bayonne, 1,217 à Brest, 3,000 à Toulouse, et 2,983 à Toulon.
bombes de 10*	6,000	3,100 id. 3,300 id.
Boîtes à balles { de 24	600	à confectionner à Toulon avec des balles ordinaires.
{ de 16	400	
{ de 12	300	

APPROVISIONNEMENTS DIVERS.

Désignation	Nombre	Observations
Fusils { d'infanterie	2,000	à prendre à Toulon.
{ de rempart	150	commandés à Charleville. Chaque fusil approvisionné à 500 coups.
Armements (autant que d'affûts à) { canon	79	
{ obusier	15	seront fournis avec les affûts à Toulouse, Perpignan, Grenoble, Bayonne.
{ mortier	10	
Plate-formes à { canon et obusier	74	à prendre à Grenoble et à Brest.
{ mortier	8	
Piquets { pour plate-formes	600	à prendre à Toulon.
{ pour gabions	40,000	à prendre à Grenoble.
Outils pour faire les plate-formes	660	à prendre à Grenoble.
Fascines pour les gabions	2,500	à acheter à Toulon.
Portières d'embrasures	50	à prendre à Grenoble.
Gargousses en papier, confectionnées	72,400	à prendre moitié à Toulon, moitié à Grenoble.
Fusées chargées et embarrilées	20,000	id. à Toulon, id. à Grenoble.
Étoupilles confectionnées	109,000	à prendre à Grenoble.
Mèches à canon	2,400	à Toulon.
Poudre de guerre à canon	283,762h.	à Toulon.
Cartouches d'infanterie	5,000,000	id. à Bayonne et à Toulon.
Pierres à fusil d'infanterie	276,400	id. à Toulon et à Grenoble.
Pierres à fusil de rempart	4,500	id. à Grenoble.
Sacs à terre	100,000	id. à Grenoble et à Toulon.

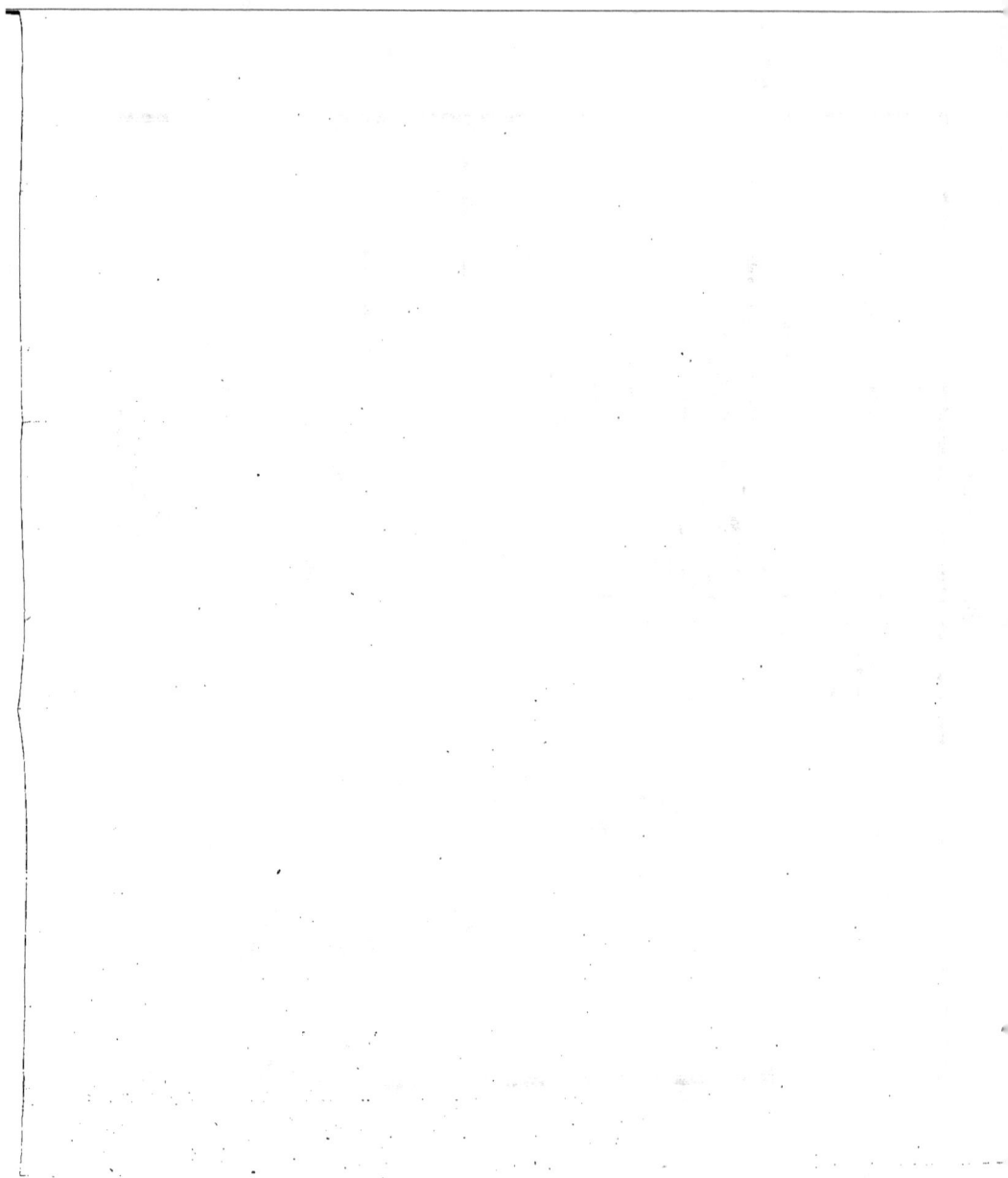

9

SUITE DU MATÉRIEL DE L'ARTILLERIE.

Artifices......
- torches ou flambeaux.................... 100
- tonneaux goudronnés.................... 6,000
- fascines goudronnées.................... 200
- roche à feu et mèche incendiaire...... 250
- fusées de signaux...................... 100
- fusées de guerre avec chevalet........ 500
- balles à feu de 10°.................... 50

} à prendre à Toulon, Grenoble, et Metz.

Plus, le salpêtre, le soufre et le charbon nécessaires, et tous les accessoires de l'équipage, comme enjins à lever et à peser......

- cordages.................... à tirer de Toulouse, Bayonne, Grenoble, Toulon et Brest.
- menus objets.................... à prendre à Grenoble.
- outils emmanchés.................... à acheter à Toulon.
- bois en blanc de rechange.... à tirer de Bayonne, Toulon, Perpignan et Grenoble.
- rechauges ferrés.................... à tirer de Grenoble.
- ferrures de rechange.................... à prendre à Toulouse.
id.   id.

MATÉRIEL DU GÉNIE.

Prolonges chargées d'outils.................... 20
Forges de campagne.................... 2
Forges stables.................... 4
Outils de pionniers et outils tranchants.... 2,700   } à prendre à Metz.
Assortiment d'engins de diverses espèces.... 400
Chevaux de frise....................
Cadres de galeries, rameaux, et puits de mine.... 1,000 m.
Planches de coffrage....................
Palissades.................... 4,000
Barrières à deux battants.................... 8
Bois pour 6 blockhaus, mètres cubes.... 350
Piquets pour 10,000 gabions.................... 80,000
pour 500 gabions.. { fagots.................... 1,000
{ harts.................... 8,000

Pour 1000 fascines. { branches de harts.... 80,000
{ hottes id.............. 1,000
Manches d'outils de pionniers, tranchants.... 50,000
Quintaux de cordages gros et moyens.... 50,000
Mèches à faire confectionner à l'arsenal de Toulon.
Quintaux de fer et acier.................... 150
Sacs à terre.................... 206,000
Brouettes.................... 20
Paniers.................... 500
Seau en cuir.................... 400
Hommînes.................... 4
Pompes et objets non prévus.................... 20
Chevaux de frise portatifs.................... 4,000
Quintaux de charbon de terre.................... 50

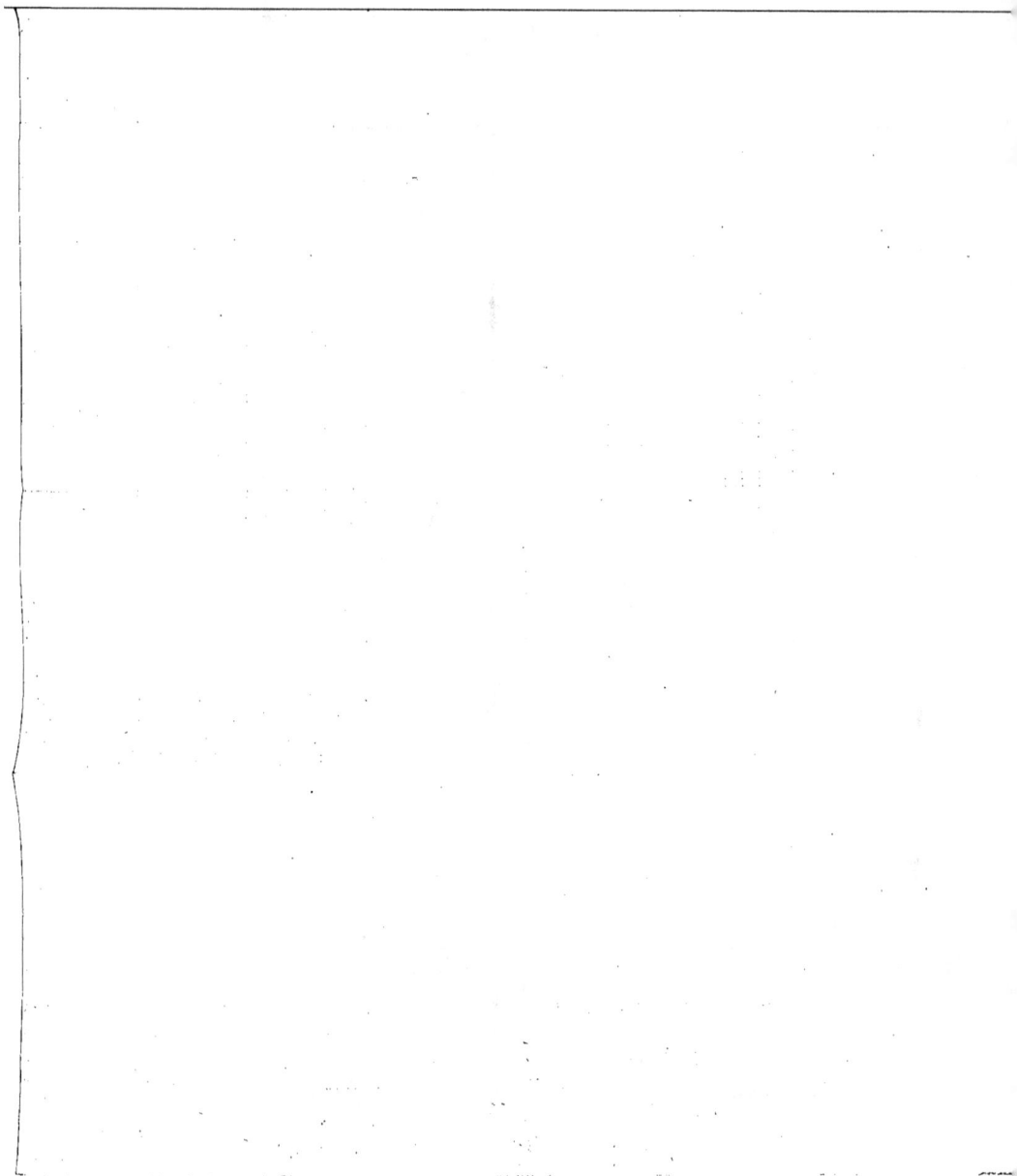

COMPOSITION DES ESCADRES ET ORDRE DE MARCHE.

L'armée navale était composée de trois escadres; la première se nommait *Escadre de Bataille*, la deuxième *Escadre de Débarquement*, et la troisième *Escadre de Réserve*. Les bâtiments de l'escadre de bataille avaient à leur bord la deuxième division d'infanterie; ceux de l'escadre de débarquement reprirent la première division; moitié de la troisième division fut embarquée sur l'escadre de réserve, et moitié sur les bâtiments du convoi. Les troupes de l'artillerie, du génie et de l'administration furent réparties sur les trois escadres et sur le convoi.

ESCADRE DE BATAILLE.

NOMS DES BATIMENTS.	ESPÈCES DES BATIMENTS.	NOMS DES COMMANDANTS.
La Provence.	vaisseau.	Villaret de Joyeuse.
La Pallas.	frégate.	Forans.
L'Iphigénie.	id.	Christy-Pallière.
La Surveillante.	id.	Trosel.
Le Breslaw.	vaisseau.	Maillard de Lincourt.
La Didon.	frégate.	Villeneuve de Bargemont
La Guerrière.	id.	De Rabaudy.
L'Herminie.	id.	Le Blanc.
La Melpomène.	id.	La Marche.
L'Amphitrite.	id.	Serec.
La Vénus.	id.	Busel.
La Belle Gabrielle.	id.	Laurent de Choisy.
La Magicienne.	id.	Bégué.
La Médée.	id.	Duplanty.
La Proserpine.	id.	De Heverzeaux.
L'Aréthuse.	id.	De Moges.
L'Alerte.	brick.	De Nerciat.
L'Alacrity.	id.	Laisné.

ESCADRE DE DÉBARQUEMENT.

NOMS DES BATIMENTS.	ESPÈCES DES BATIMENTS.	NOMS DES COMMANDANTS.
Le Trident.	vaisseau.	Caly.
L'Algésiras.	id.	Ponée.
La Ville de Marseille.	id.	Robert.
Le Duquesne.	id.	Baroche.
La Gorgone.	id.	Comte de Rossi.
La Marie-Thérèse.	frégate.	Billard.
Le Scipion.	vaisseau.	Émeric.
La Jeanne-d'Arc.	frégate.	Lettré.
L'Archéonie.	id.	Cosmao-Dumanoir.
Le Marengo.	vaisseau.	Duplessis-Pascau.
Le Superbe.	id.	Latreyte.
La Thétis.	id.	Cuvillier.
La Thémis.	frégate.	Lemoine.
La Cybèle.	id.	Le Goarant de Tromelin.
Le Ducouédic.	brick.	De Robillard.
L'Orythie.	corvette.	Gay de Taradel.
Le Hussard.	brick.	Suneau.
La Caravane.	corvette de charge.	Denis.

ESCADRE DE RÉSERVE.

NOMS DES BATIMENTS.	ESPÈCES DES BATIMENTS.	NOMS DES COMMANDANTS.
La Créole.	corvette.	De Péronne.
Le Voltigeur.	brick.	Ropert.
Le D'Assas.	id.	Pujol.
La Victorieuse.	corvette.	Guérin des Essarts.
La Cornélie.	id.	Sary.
Le Geffon.	brick.	Du Petit-Thouars.
L'Endymion.	id.	Nonay.
Le Dragon.	id.	Le Blanc.
Le Lybio.	corvette de charge.	Conti.
La Bonite.	id.	Parnajon.
L'Aiguar.	id.	Lemaître.
Le Tyrr.	id.	Fleurinc-Lagarde.
Le Rhône.	bombarde.	Despointes.
Le Vautr.	id.	Mallet.
Le Volcan.	id.	Brait.
L'Achéron.	id.	Lévêque.
L'Hécla.	id.	Olivier.
Le Vulcain.	id.	Baudin.
Le Cyclope.	id.	Tesier.
Le Fusicère.	id.	Rollaud.
La Durr.	id.	Lelong.
La Rjbaste.	gabarre.	Delassaux.
La Vigogne.	id.	De Sercey.
Le Cpantcat.	id.	Coudein.
La Rafommaise.	corvette de charge.	Lefèvre-l'Abancourt.
L'Astrolabe.	gabarre.	Vernissac-Saint-Maur.
La Tredte.	id.	Miegerille.
Le Gazonne.	id.	Aubri de la Noë.
Le Légard.	brick.	Herpin de Fréauent.
L'Enreyle.	id.	Parceval.

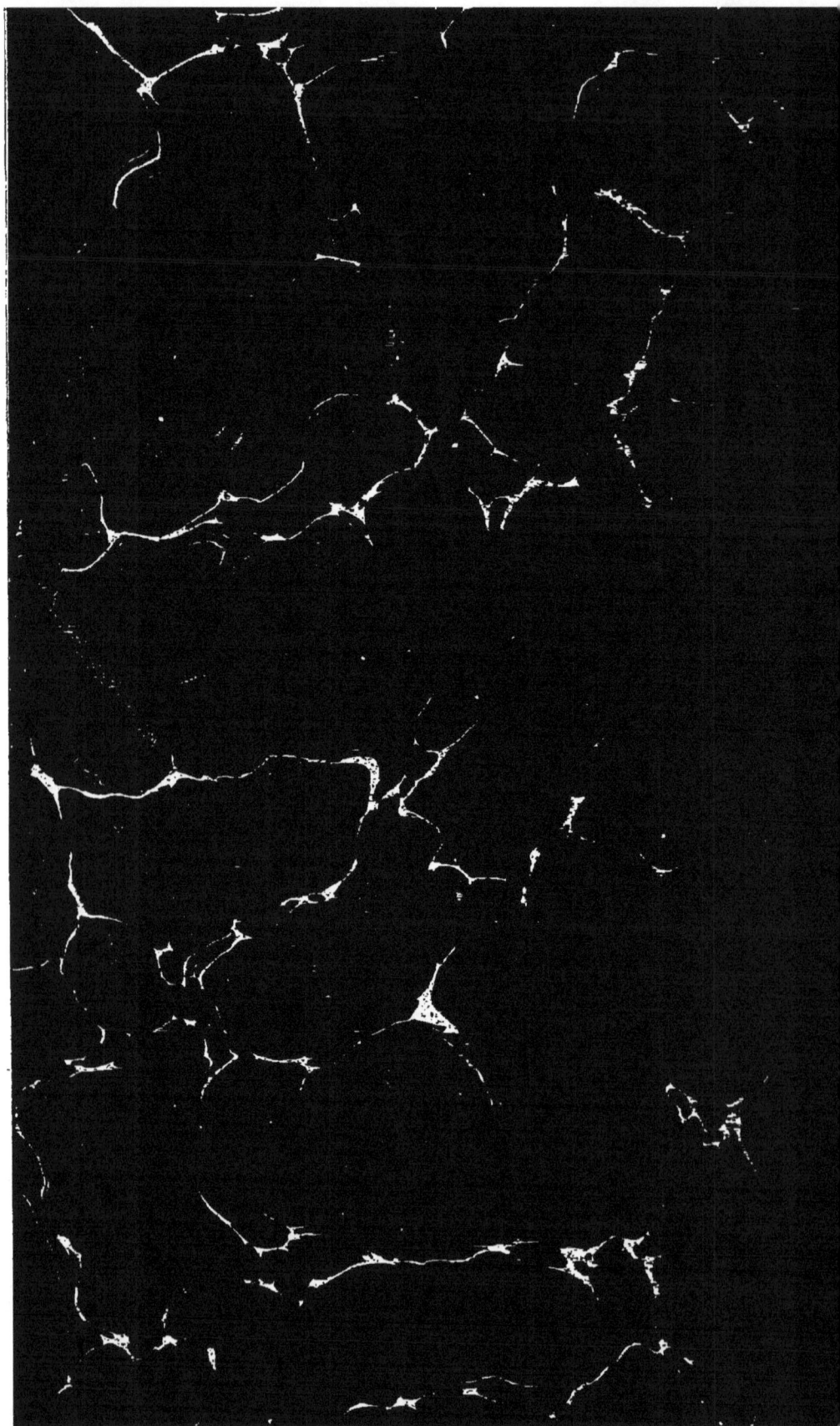

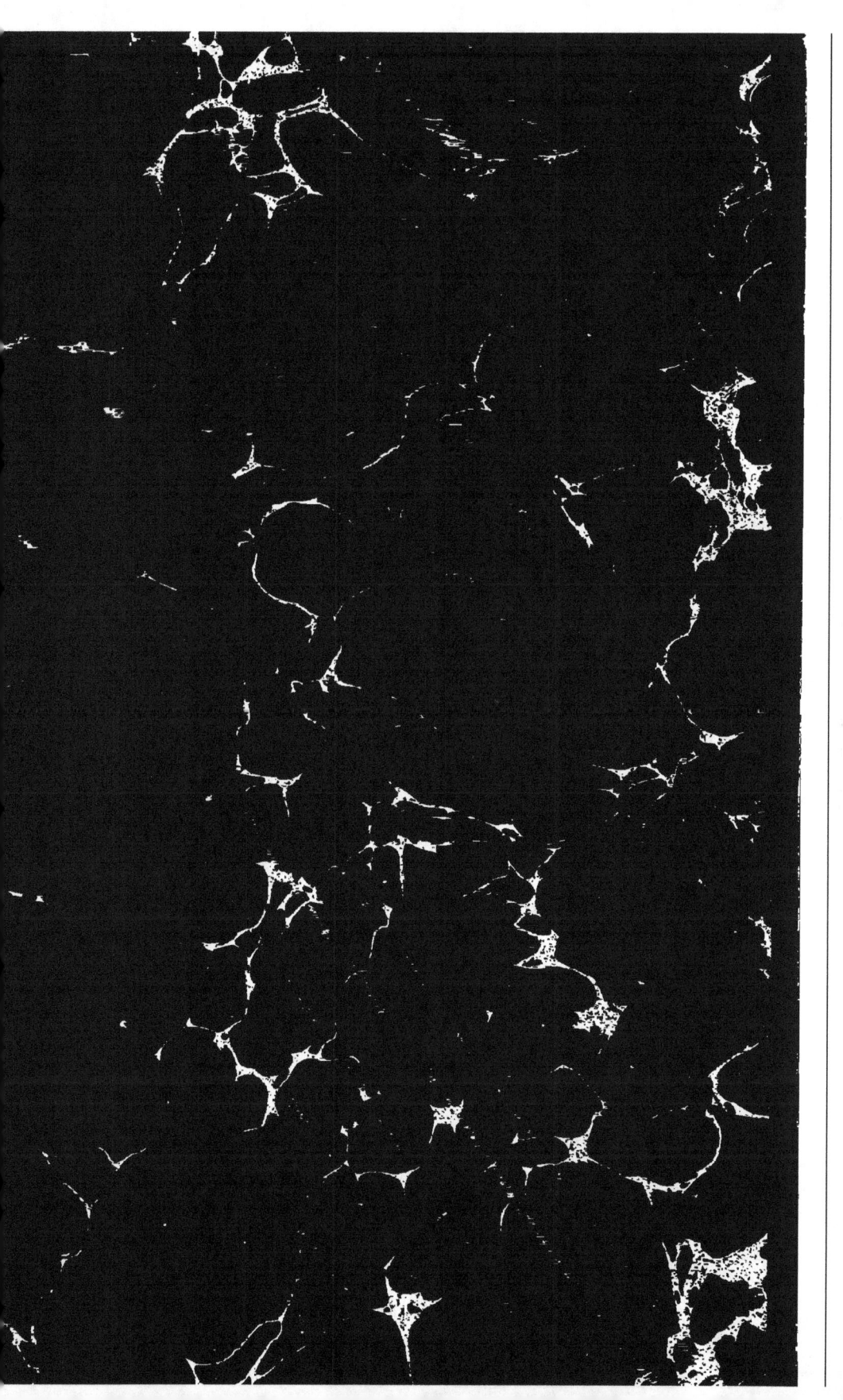

www.ingramcontent.com/pod-product-compliance
Lightning Source LLC
Chambersburg PA
CBHW061010280326
41935CB00009B/901